WhatsApp

optimal nutzen

Christian Immler

Markt+Technik

ISBN 978-3-95982-216-9

Produktmanagement Christian Braun, Burkhardt Lühr
Lektorat, Herstellung Jutta Brunemann
Covergestaltung David Haberkamp
Satz inpunkt[w]o, Haiger (www.inpunktwo.de)
Druck mediaprint solutions GmbH, Paderborn
Printed in Germany

Inhaltsverzeichnis

1. WhatsApp installieren

WhatsApp ist nach aktuellen Umfragen unter Smartphone-Nutzern die unverzichtbarste App im Alltag. Ein Messenger ist für die private, spontane Kommunikation inzwischen wichtiger als E-Mail. Per Chat kann man sich schnell mit Freunden verabreden oder kurze Informationen in Echtzeit austauschen. Selbstverständlich gehört auch eine Chat-App auf ein Smartphone – die Nummer eins der kostenlosen Apps im Google Play Store und auch in Apples App Store ist immer wieder der Messenger WhatsApp. WhatsApp ist auf dem besten Weg, die SMS zu ersetzen, und überzeugt durch sein Konzept sowie die einfache Installation und Nutzung.

Der Untergang der SMS

In Deutschland werden zurzeit pro Jahr nur noch weniger als 9 Milliarden SMS verschickt, davon etwa 400 Millionen in der Silvesternacht, was jedes Jahr vielerorts zu Zusammenbrüchen der Netze führt. Die Anzahl der versandten SMS wird zugunsten von WhatsApp in Zukunft weiter abnehmen. Im besten Jahr 2012 waren es noch 163,8 Millionen SMS pro Tag, was 59,8 Milliarden im Jahr entspricht. Die SMS-Nutzung hat inzwischen wieder das Niveau der »Vor-Smartphone-Ära« vor dem Jahr 2000 erreicht, und das, obwohl mittlerweile neue Anwendungen für SMS entwickelt wurden wie mobileTAN für das Onlinebanking oder der Parkschein per SMS. Diese SMS dienen zwar nicht der Kommunikation zwischen zwei Menschen, verbessern aber immerhin noch die Statistiken der SMS-Nutzung insgesamt.

Die wichtigsten Vorteile gegenüber SMS

- **Vielfältig nutzbar** – keine Begrenzung auf 160 Zeichen, Versand von Fotos, Sprachnachrichten, Dokumenten, Standortdaten, Musik und vielen anderen Datenformaten.
- **Unabhängig vom Mobilfunknetz** – WhatsApp funktioniert auch über WLAN.

- **Kostenlos** – im Gegensatz zu SMS werden WhatsApp-Nachrichten nicht einzeln abgerechnet, sondern nur das verbrauchte Datenvolumen, das vergleichsweise gering ist.
- **Videotelefonie** – über die Internetverbindung und damit im WLAN auch kostenlos.
- **Gruppenchats** – per SMS unmöglich.
- **Leichter Gerätewechsel** – WhatsApp-Chatverlauf und empfangene Daten lassen sich über die Cloud-Sicherung sehr leicht auf ein neues Smartphone übertragen.

Interessante Fakten zu WhatsApp

Anfang Februar 2019 gab das Unternehmen Facebook – der Betreiber von WhatsApp – bekannt, dass die Marke von zwei Milliarden aktiven Nutzern überschritten wurde. Damit nutzt etwa jeder vierte Mensch auf der Welt den beliebten Messenger. Drei Jahre zuvor, Anfang 2016, verzeichnete WhatsApp erst eine Milliarde Nutzer. WhatsApp gilt als der am schnellsten gewachsene Internetdienst der Geschichte. WhatsApp kommt zurzeit auf etwa 65 Milliarden Nachrichten pro Tag, was etwa 45 Millionen pro Minute oder 750.000 pro Sekunde entspricht. Der durchschnittliche Nutzer versendet etwa 40 WhatsApp-Nachrichten pro Tag. WhatsApp ist nach Facebook erst die zweite App, die nicht von Google stammt und die Marke von einer Milliarde Downloads überschritten hat.

Verschiedene Webseiten veröffentlichen Monatsstatistiken zu Downloadzahlen im Google Play Store, die allerdings nur bedingt aussagekräftig sind. Hier tauchen oft mehr oder weniger populäre Spiele auf, die in diesem Monat ein Update erhalten haben und deshalb extrem oft heruntergeladen wurden. Selbst in diesen Listen ist WhatsApp oft die einzige halbwegs bekannte App. Downloadstatistiken für das ganze Jahr sind wesentlich aussagekräftiger. Hier wirkt sich ein Massendownload eines Spiels innerhalb weniger Tage kaum aus.

Android oder iOS

Dieses Buch beschreibt WhatsApp für Android 10. Die Screenshots sind alle mit dem Original-Android ohne herstellerspezifische Benutzeroberflächen gemacht. In einigen Fällen kann es kleine Unterschiede zu älteren Android-Versionen oder Geräteoberflächen wie zum Beispiel auf Samsung-Smartphones geben, die aber kaum auffallen. iPhone-Nutzer finden in den Kästen **So geht's auf dem iPhone** nützliche Hinweise, da sich die iOS-Version von WhatsApp betriebssystembedingt an einigen Stellen anders bedienen lässt und auch anders aussieht.

Etwa die Hälfte aller Android-Nutzer weltweit verwendet WhatsApp, in der Altersgruppe der 16- bis 29-Jährigen sind es sogar 97 %.

Auf der iOS-Plattform gibt es nicht nur in absoluten Zahlen (aufgrund der geringeren Verbreitung), sondern auch prozentual weniger WhatsApp-Nutzer, da der auf iPhones vorinstallierte Messenger *iMessage* immer noch treue Fans hat, wogegen der Google-Messenger *Hangouts* wie auch das neue *Google Messages* nur eine vergleichsweise geringe aktive Nutzerbasis verzeichnen.

Welche Smartphones werden unterstützt?

Nach aktuellen Studien hält Android mit einem Marktanteil von rund 87 % die Spitze unter den Smartphone-Betriebssystemen weltweit – Tendenz steigend. Apple hat mit iOS nur rund 13 %. Damit verfügen diese beiden Hersteller über eine Marktpräsenz von nahezu 100 %. Windows Mobile, Tizen, BlackBerry sowie Nokias Symbian-Plattform, ehemaliger Marktführer, sind mittlerweile völlig bedeutungslos und wurden bereits 2018 in der Statistik des Marktforschungsunternehmens Gartner erstmals mit 0 % gelistet.

WhatsApp unterstützt immer noch über einen relativ langen Zeitraum ältere Betriebssysteme, die andere Softwarehersteller längst abgeschrieben haben. WhatsApp läuft bis jetzt noch auf Android ab Version 4.03 und iOS ab Version 9. Ende des Jahres 2018 wurde die Unterstützung für Nokia S40 eingestellt und seit Februar 2020 läuft WhatsApp auch nicht mehr auf iOS 7 und 8 sowie allen Android-Versionen älter als 4.0, die jetzt schon einen Marktanteil von deutlich unter einem halben Prozent haben.

Seit etwa einem Jahr werden einfache Feature-Phones mit dem Betriebssystem KaiOS unterstützt, dem Nachfolger von FirefoxOS. In Europa sind das unter anderem Nokia 800 Tough, Nokia 2720 Flip, Nokia 8110 4G und das Outdoor-Handy CAT B35.

Die Installation

Die Installation von WhatsApp ist sehr einfach, was auch zum Erfolg des Messengers beigetragen hat. Suchen Sie die App *WhatsApp* im Store auf Ihrem Smartphone oder besuchen Sie mit dem Browser auf dem Smartphone die Seite www.whatsapp.com. Sie können auch den abgebildeten QR-Code verwenden. Sie werden dann automatisch zur App im Store weitergeleitet, passend zum verwendeten Smartphone-Betriebssystem.

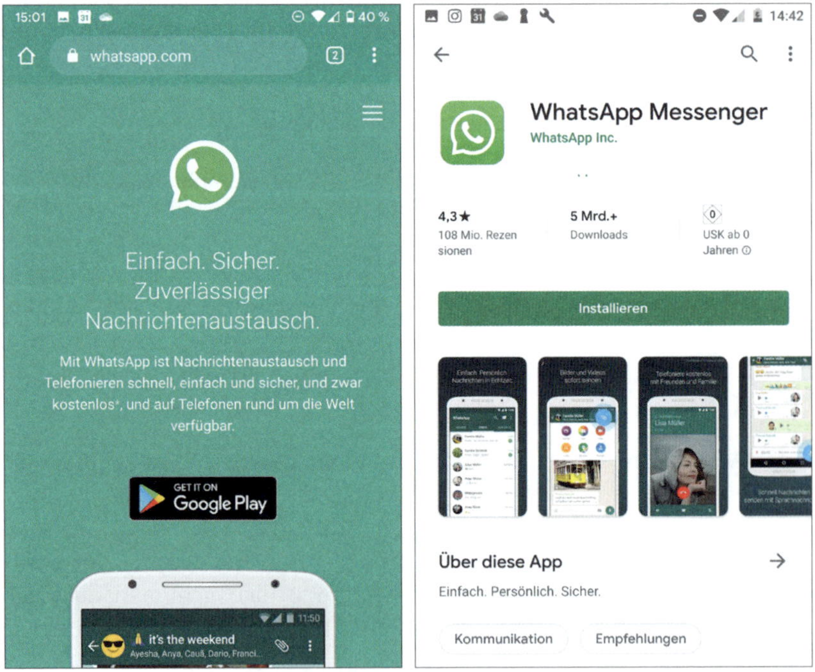

Die mobile WhatsApp-Seite verlinkt direkt in den passenden Store

Jetzt brauchen Sie nur noch auf *Installieren* zu tippen.

> **Sonderfälle: keine SIM, kein Google Play Store**
> In Kapitel 10 unter der Überschrift »WhatsApp auf Android-Smartphones ohne Google Play Store« finden Sie Installationshinweise für solche Geräte.

Der Google Play Store

Auf fast allen Android-Smartphones ist der Google Play Store vorinstalliert. Hier finden Sie die App *WhatsApp* kostenlos zum Download.

1. Suchen Sie WhatsApp über das Suchfeld oben im Google Play Store oder tippen Sie einfach auf die Liste *Top-Apps*. Hier steht WhatsApp meistens ganz oben.

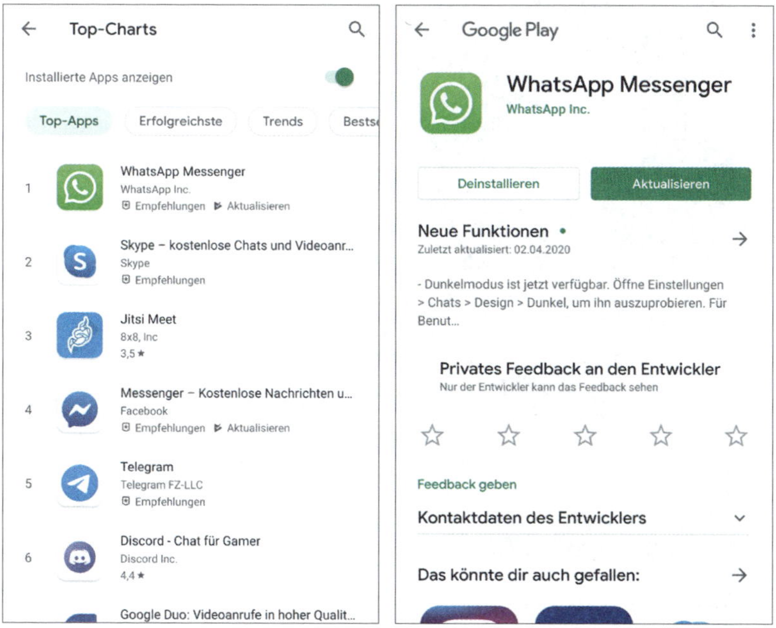

WhatsApp aus dem Google Play Store installieren

> **Google-Konto**
>
> Der Google Play Store erfordert eine Anmeldung mit einem Google-Konto. Falls Sie bei der Einrichtung Ihres Smartphones kein Google-Konto angegeben haben, müssen Sie dies spätestens tun, wenn Sie den Google Play Store nutzen wollen.

2. Tippen Sie auf *Installieren*, wird WhatsApp heruntergeladen und automatisch auf dem Smartphone installiert. Der Malware-Schutz *Google Play Protect* überprüft den Download automatisch.
3. Nach der Installation wird je nach der Einstellung auf dem Smartphone ein WhatsApp-Symbol auf dem Startbildschirm angelegt, das Sie an eine beliebige Stelle verschieben können. Tippen Sie darauf, um WhatsApp zu starten. Wer es gar nicht abwarten kann, kann WhatsApp auch direkt aus dem Google Play Store starten.

WhatsApp auf dem Startbildschirm oder vom Apps-Bildschirm starten

Vorsicht Fake-Apps

Unter dem Suchbegriff *WhatsApp* finden sich auch diverse Apps, die nicht WhatsApp sind, sondern nur von diesem erfolgreichen Namen profitieren wollen. Achten Sie darauf, wirklich nur das Original herunterzuladen. Verwenden Sie die Liste der Top-Apps anstelle der Suche, können Sie sichergehen, die »echte« App zu finden.

+++ SO GEHT'S AUF DEM IPHONE +++

WhatsApp wird aus dem App Store installiert. Die Warnung vor Fake-Apps gilt hier gleichermaßen. Auch im App Store ist das Original WhatsApp einfach über die Topliste der Gratis-Apps zu finden.

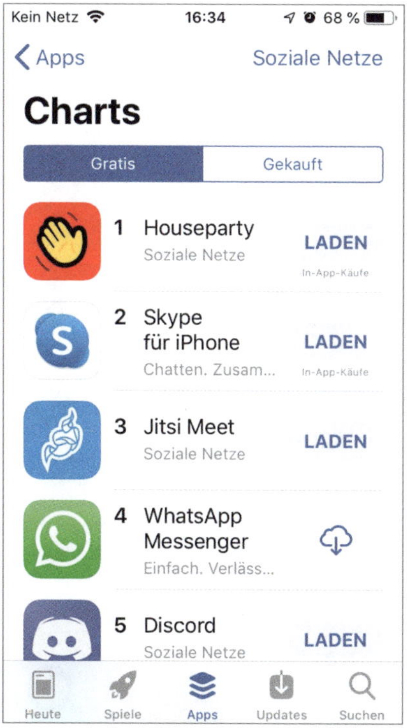

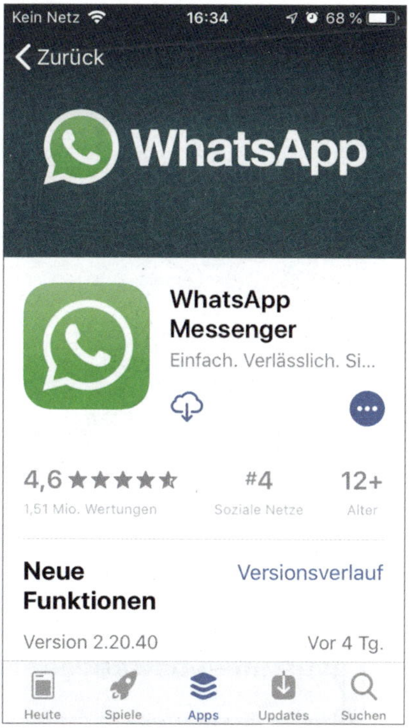

Der erste Start

Beim ersten Start von WhatsApp müssen ein paar Voreinstellungen getroffen werden. Insbesondere legen Sie ein Profil an, damit andere Sie auch kontaktieren können. Im Gegensatz zu vielen ähnlichen Apps brauchen Sie sich aber keinen Benutzernamen und kein Passwort zu merken.

Tippen Sie auf dem ersten WhatsApp-Bildschirm auf *Zustimmen und fortfahren*, um die Nutzungsbedingungen zu bestätigen.

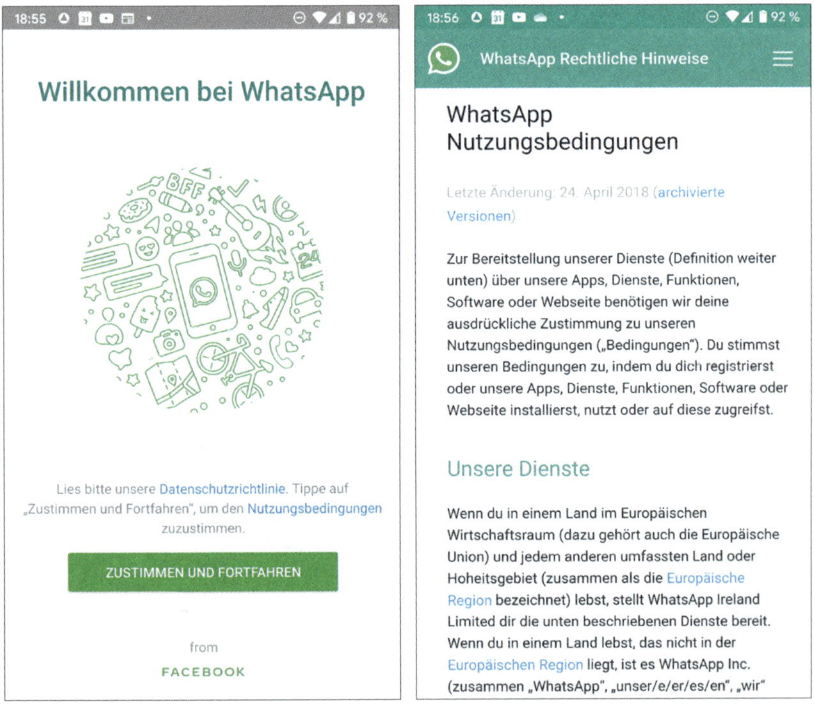

WhatsApp einrichten und Nutzungsbedingungen bestätigen

Handynummer bestätigen

WhatsApp verwendet die Handynummer zur Identifizierung des Benutzerkontos. So brauchen Sie sich keinen Benutzernamen und kein Passwort zu merken. Dies ist das einzige Mal, dass WhatsApp die Mobilfunkverbindung nutzt. Die App funktioniert später unabhängig von der SIM-Karte über die Internetverbindung.

1. Geben Sie auf dem nächsten Bildschirm Ihre Handynummer ein. Dabei wird das internationale Nummernformat mit der Landesvorwahl +49 für Deutschland (+43 für Österreich, +41 für Schweiz) und ohne die 0 am Anfang der Vorwahl verwendet.
2. Tippen Sie auf *Weiter*, um eine automatische SMS zu erhalten, die das Smartphone bei WhatsApp anmeldet.

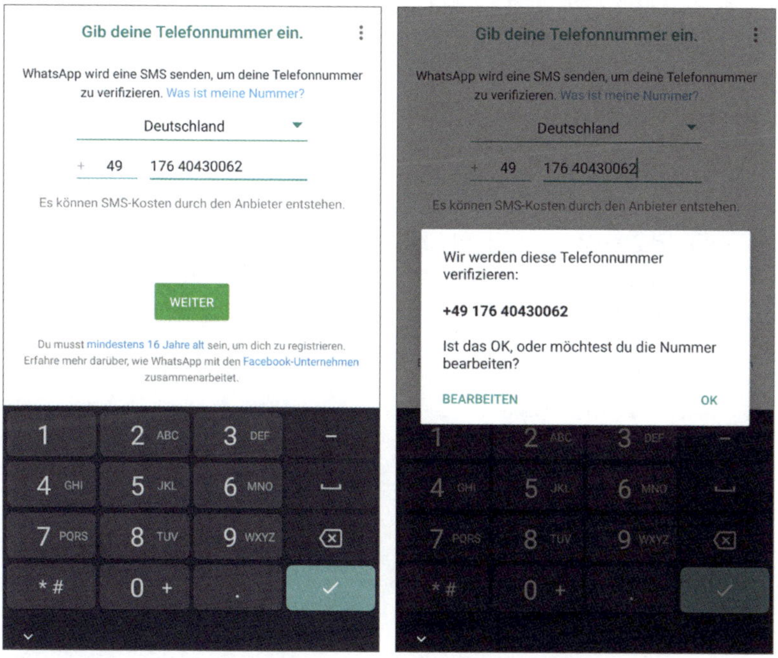

Smartphone über die Handynummer bei WhatsApp anmelden

3. Um das Smartphone leicht zu verifizieren, liest WhatsApp den per SMS übermittelten Code automatisch ein und wertet ihn aus. Sollte das wegen fehlender Systemberechtigungen nicht möglich sein, erscheint eine Meldung. Tippen Sie hier auf *Weiter* und in der folgenden Systemmeldung auf *Zulassen*.

Ich weiß meine Handynummer nicht ...

Sollten Sie Ihre Handynummer nicht auswendig wissen, können Sie sich diese direkt auf dem Smartphone anzeigen lassen. Android 10 zeigt in den *Einstellungen* unter *Über das Telefon* die Telefonnummer der eingebauten SIM-Karte an. Bei Dual-SIM-Smartphones hat jede SIM-Karte ihre eigene Statusseite.

+++ SO GEHT'S AUF DEM IPHONE +++

In der App *Kontakte* wird automatisch ein Kontakt mit der eigenen Telefonnummer angelegt.

Systemberechtigungen akzeptieren

1. Warten Sie jetzt, bis eine eingehende SMS zur Verifizierung automatisch erkannt wird.
2. Sollte die Erkennung fehlschlagen, warten Sie, bis eine SMS eingeht, und tippen Sie den darin enthaltenen sechsstelligen Code in das dafür vorgesehene Feld ein.

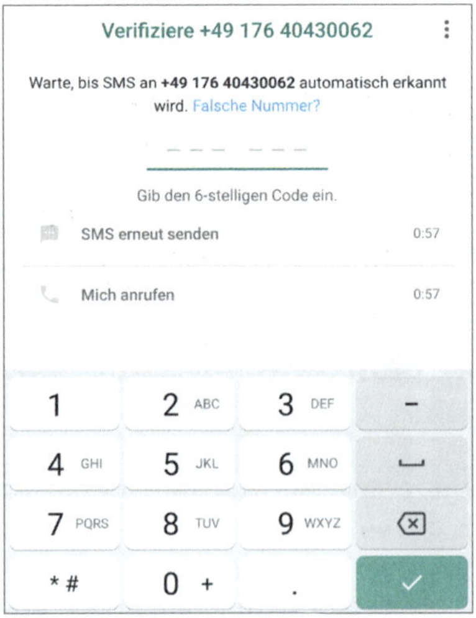

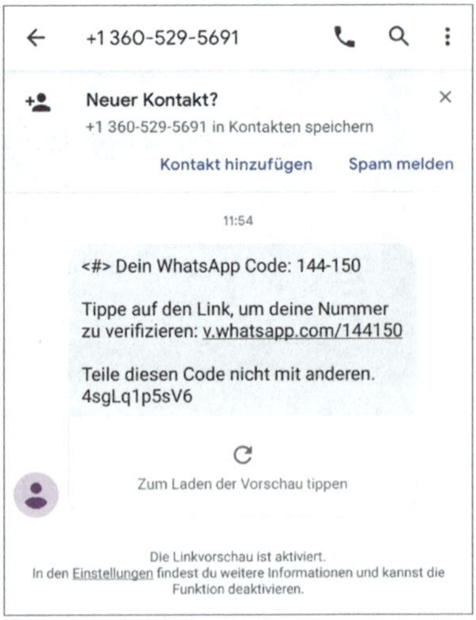

Bestätigungscode aus der SMS eingeben oder automatisch übernehmen

Sollte dies aus irgendeinem Grund auch nicht möglich sein, enthält die SMS einen Link, über den Sie die Nummer auf einem beliebigen anderen Gerät verifizieren können.

+++ SO GEHT'S AUF DEM IPHONE +++

Auf dem iPhone kann der Code aus der SMS nicht automatisch übernommen werden. Hier können Sie ihn durch Antippen der Meldung *Aus Nachrichten* übernehmen.

3. In Android ist es möglich, bestimmte Berechtigungen von Apps einzuschränken. Ob die Apps ohne die jeweiligen Berechtigungen noch sinnvolle Arbeit leisten, bleibt dem Nutzer überlassen. Apps zeigen bei der ersten Verwendung Abfragen an, in denen man die notwendigen Berechtigungen gewähren muss, um die entsprechenden Aktionen der App ausführen zu können. WhatsApp blendet vor diesen Systemmeldungen einen eigenen Hinweis ein, dass die folgenden Berechtigungsanfragen zum Zugriff auf Fotos, Medien und Kontakte zugelassen werden müssen, damit die App sinnvoll funktioniert.

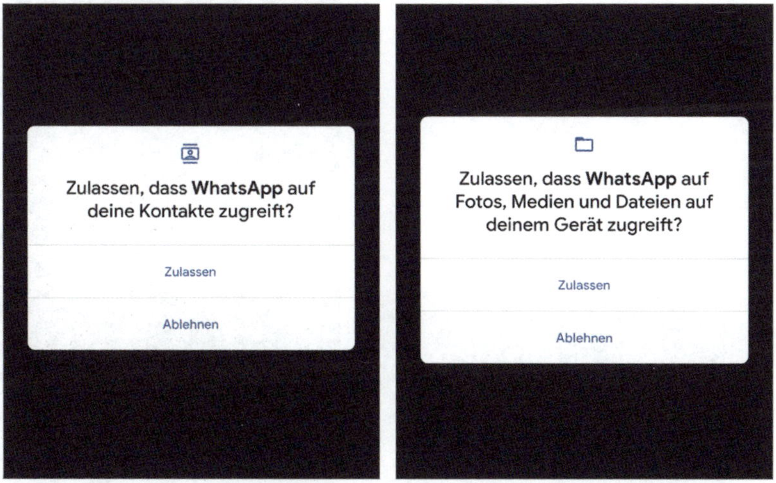

Systemmeldungen, um Zugriffe zuzulassen

4. Lassen Sie die Zugriffe auf Fotos, Medien und Kontakte in den nun folgenden Systemmeldungen zu, damit WhatsApp funktioniert.

Eigenes Profil anlegen

Als letzten Schritt bei der Einrichtung von WhatsApp richten Sie Ihr eigenes Profil ein:

1. Geben Sie Ihren Namen ein. WhatsApp schlägt automatisch den Namen vor, der im Google-Konto auf dem Smartphone verwendet wird. Möchten Sie einen Fantasienamen verwenden, auch auf die Gefahr hin, dass Ihre Freunde Sie in WhatsApp nicht finden, tippen Sie diesen ein. Der Name darf bis zu 25 Zeichen lang sein.
2. Auf Wunsch können Sie auch kleine Bildchen, sogenannte Emojis, in den Namen einfügen. Tippen Sie auf das Smiley neben dem Namensfeld, um eine Liste verfügbarer Emojis zu sehen.
3. Legen Sie am besten gleich noch ein Profilbild fest, damit Ihre Freunde Sie auch erkennen. Dieses Profilbild kann später jederzeit geändert werden. Tippen Sie dazu auf das Kamerasymbol links neben dem Namen.

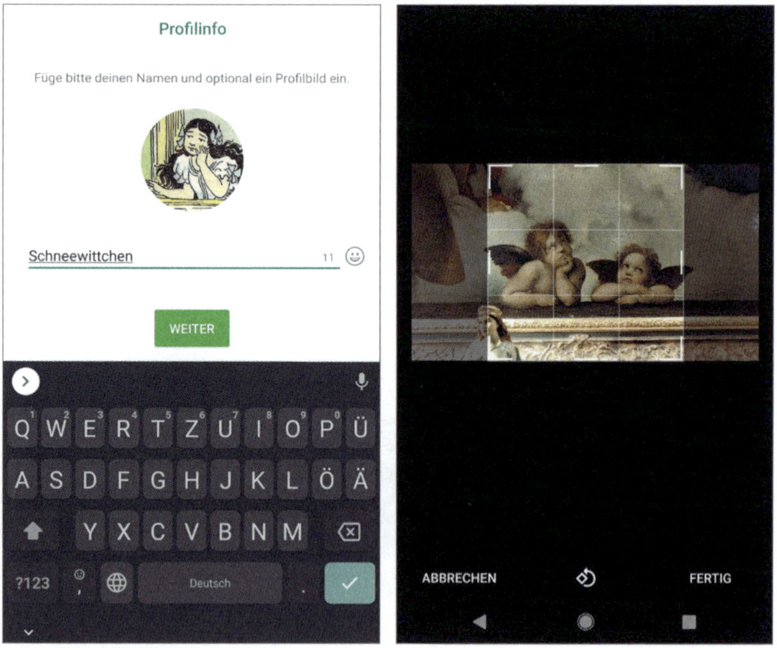

Profilbild festlegen

4. Tippen Sie in der Symbolleiste auf *Kamera*, um direkt ein Foto aufzunehmen, oder auf *Galerie*, um ein vorhandenes Foto auszuwählen und als Profilbild zu nutzen.
5. Wählen Sie in der Galerie den Ordner, in dem das gewünschte Bild liegt, tippen Sie dann auf das Foto und legen Sie einen quadratischen Ausschnitt fest, der als Profilfoto verwendet werden soll. Tippen Sie auf dem nächsten Bildschirm auf *Fertig*.
6. Nach einer kurzen Initialisierung erscheint der Hauptbildschirm von WhatsApp, auf dem Sie gleich die erste Nachricht schreiben können.

Profilbild bearbeiten

In Kapitel 7 im Abschnitt »Profilbild ändern« finden Sie Tipps, um das Profilbild nachträglich auszutauschen oder zu bearbeiten.

+++ SO GEHT'S AUF DEM IPHONE +++

Tippen Sie auf das vorgegebene Standardprofilbild und dann auf *Bearbeiten*. Auf dem nächsten Bildschirm können Sie ein Foto mit der Kamera aufnehmen oder ein Foto aus der Galerie auswählen.

2. Nachrichten schreiben

Nachdem WhatsApp fertig eingerichtet ist, können Sie sofort die erste Nachricht schreiben. Tippen Sie auf dieses Symbol, erscheint eine Liste aller Kontakte aus dem eigenen Adressbuch, die WhatsApp verwenden. Bei jedem Kontakt sind das Profilbild und der Infotext zu sehen. Tippen Sie auf eine Person, erscheint das Chatfenster, in dem Sie direkt drauflostippen können

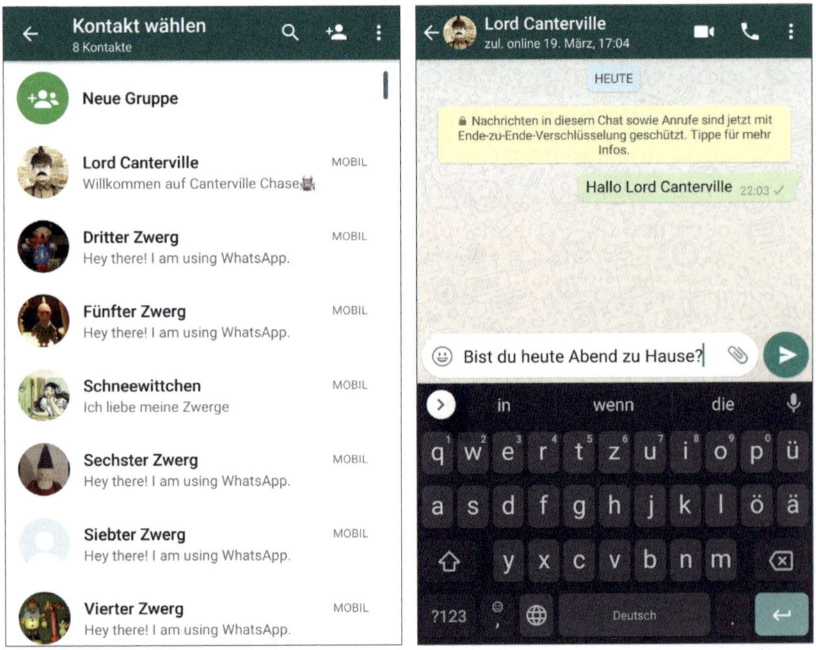

Die erste Nachricht in WhatsApp schreiben

+++ SO GEHT'S AUF DEM IPHONE +++

Das Symbol zum Schreiben neuer Nachrichten ist rechts oben auf der Bildschirmseite *Chats*. WhatsApp besteht auf dem iPhone aus fünf verschiedenen Bildschirmseiten, die über Symbole am unteren Bildschirmrand umgeschaltet werden.

Text tippen

Tippen Sie den Text auf der Bildschirmtastatur und schicken Sie ihn mit dem grünen Pfeil rechts neben dem Eingabefeld ab. In Bruchteilen von Sekunden erscheint die Nachricht beim Empfänger.

Tipps zur Bildschirmtastatur

- Ein angetippter Buchstabe wird vor dem Loslassen deutlich hervorgehoben, um Tippfehler zu vermeiden.
- Zur Eingabe von Großbuchstaben muss zuerst die ⇧-Taste links unten angetippt werden, die die Bildschirmtastatur für den nächsten Buchstaben auf Großbuchstaben umschaltet. Am Satzanfang wird die Tastatur automatisch auf Großbuchstaben gestellt.
- Tippt man zweimal auf die ⇧-Taste, wird diese mit einer Linie hervorgehoben und die Großschreibung festgestellt, bis man sie mit einem weiteren Antippen wieder löst. Auf dem PC bezeichnet man die gleiche Funktion als Feststelltaste oder Caps Lock.
- Die Tasten der oberen Reihe zeigen ganz klein in der Ecke noch eine Ziffer. Zur Eingabe dieser Ziffer wie auch für Umlaute oder Buchstaben mit Akzent halten Sie den Finger länger auf dem jeweiligen Buchstaben. Es erscheint ein Zusatzfeld mit einer Auswahl von Varianten dieses Buchstabens. Auf diese Weise finden Sie auch das *ß* auf der Taste *s*. Bei einer Auswahl von mehreren Zeichen wird das eingegeben, auf dem Sie den Finger vom Bildschirm loslassen.
- Die Taste mit den Symbolen unten links schaltet auf ein Tastaturlayout zur Eingabe von Ziffern und mathematischen Sonderzeichen um. Dort schaltet die Taste =\< auf eine weitere Sonderzeichentastatur um. Mit der Taste *?123* kommt man zurück zur anderen Tastatur.
- Das Symbol mit den Ziffern *1234* neben der Leertaste schaltet auf eine Ziffertastatur zur schnellen Eingabe von Zahlen um. Mit dem Smiley-Symbol erscheinen Tastaturlayouts für grafische Emojis und die klassischen Text-Smileys.
- Von den Sondertastaturen kommt man mit der Taste *ABC* links unten wieder zurück zur normalen Buchstabentastatur.

Tippen Sie auf eine Stelle auf dem Bildschirm, wo keine Texteingabe möglich ist, verschwindet die Bildschirmtastatur automatisch wieder. Sie können diese auch jederzeit mit einem Druck auf das Zurück-Symbol ausblenden, wenn sie wichtige Bildschirmteile verdeckt.

Kontakte suchen

In langen Kontaktlisten ist die gewünschte Person nicht immer leicht zu finden. Mit einer vertikalen Fingerbewegung auf dem Touchscreen können Sie schnell durch die Kontaktliste blättern.

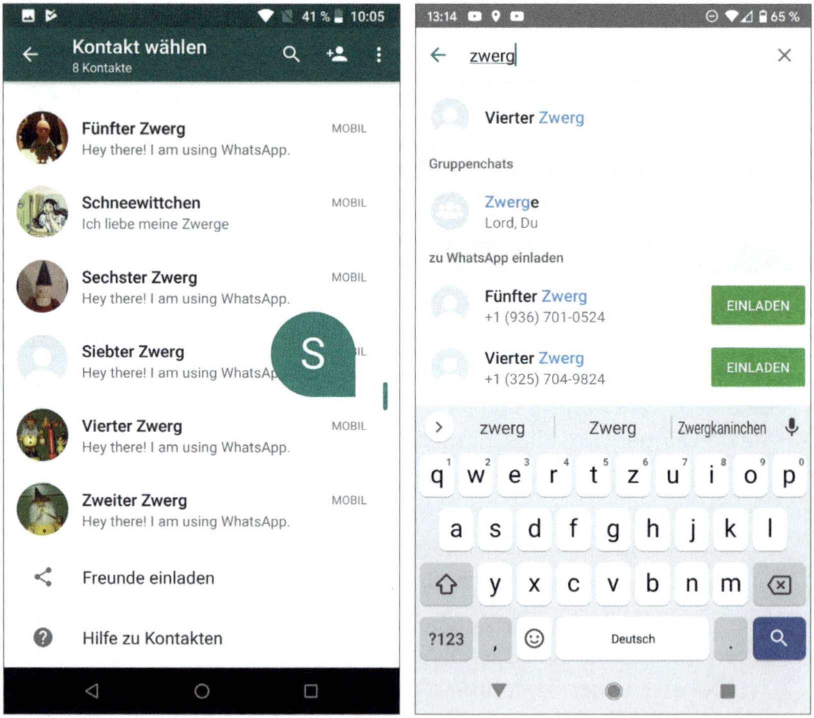

Personen in der Kontaktliste finden

- Bewegen Sie den Finger ganz rechts außen auf dem Balken, bewegt sich die Liste deutlich schneller. Der aktuelle Anfangsbuchstabe wird großflächig angezeigt, damit Sie im richtigen Moment stoppen können.
- Außerdem finden Sie bestimmte Personen, indem Sie oben rechts auf das Lupensymbol tippen und die Anfangsbuchstaben des Namens eingeben. WhatsApp filtert die Liste immer genauer, je mehr Buchstaben bereits eingegeben sind.

Neue Nachricht kommt an

Kommt eine WhatsApp-Nachricht an, ertönt ein Klingelton und je nach Einstellung des Smartphones blinkt die LED. Auch bei ausgeschaltetem Bildschirm erscheint eine Benachrichtigung auf dem Sperrbildschirm.

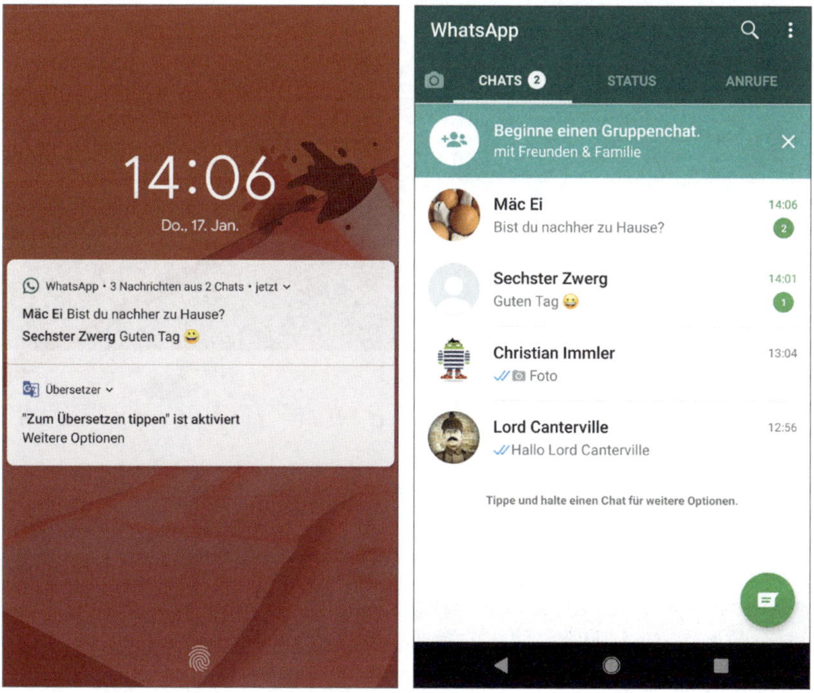

Neu eingegangene Nachrichten auf dem Sperrbildschirm und in der Chatansicht

Die Chatansicht in WhatsApp zeigt immer die letzten Chats an. Hier können Sie schnell antworten. Außerdem chatten selbst Vielnutzer immer wieder mit den gleichen etwa 10–20 Personen, selbst wenn Hunderte im Adressbuch stehen. In der Chatansicht sehen Sie auch, wie viele neue Nachrichten noch nicht gelesen wurden und von welchen Personen diese stammen.

Ziehen Sie die Benachrichtigungsleiste vom oberen Bildschirmrand herunter, sehen Sie, wer Ihnen geschrieben hat, und – wenn die Nachricht kurz genug ist – auch den Text.

Tippen Sie auf die Benachrichtigung und dann auf *Antworten*, können Sie diese direkt beantworten, ohne erst WhatsApp öffnen zu müssen.

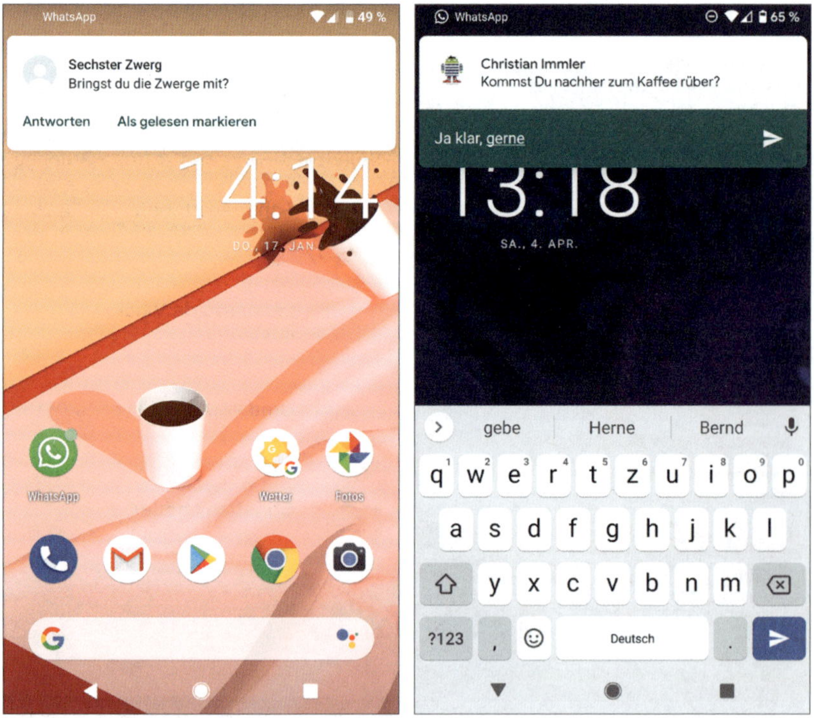

Benachrichtigungen über neue WhatsApp-Nachrichten direkt beantworten

Benachrichtigungen anpassen

In Kapitel 9 im Abschnitt »Benachrichtigungen« finden Sie Tipps, wie Sie Klingeltöne und Systembenachrichtigungen in WhatsApp an Ihren persönlichen Geschmack anpassen können.

+++ SO GEHT'S AUF DEM IPHONE +++

Benachrichtigungen über neue Nachrichten erscheinen auf dem Sperrbildschirm und in der Chatübersicht. Eine Benachrichtigungs-LED gibt es nicht. Nachrichten direkt aus der Benachrichtigung zu beantworten, ist nicht möglich. Beim Antippen öffnet sich WhatsApp.

Wortvorschläge

Oberhalb der Tastatur werden beim Tippen Wortvorschläge gemacht, die Sie antippen und damit übernehmen können. Hat man sich an diese Vorschläge einmal gewöhnt, schreibt es sich deutlich schneller, da längst nicht mehr jedes Wort vollständig eingegeben werden muss.

Diese Vorschläge richten sich nach den eingegebenen Buchstaben oder versuchen, am Wortanfang anhand des zuletzt geschriebenen Wortes passende Wörter vorzuschlagen.

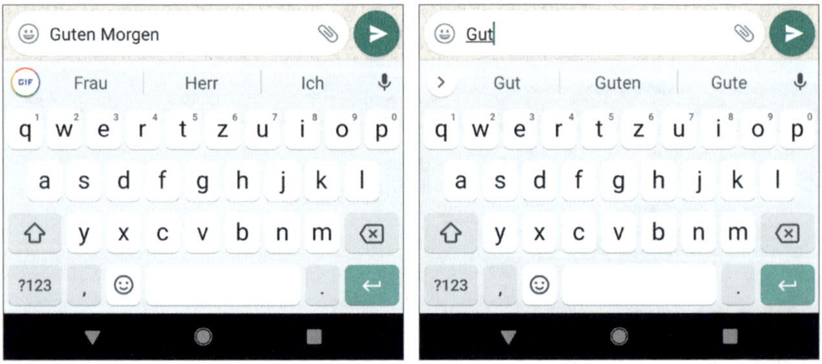

Wortvorschläge beim Schreiben einer Nachricht

Emojis

Emojis sind kleine Bildchen zur Darstellung von Stimmungs- und Gefühlszuständen in der schriftlichen Kommunikation. Ursprünglich waren das reine ASCII-Zeichen, etwa :-) für ein lächelndes Gesicht, auch als Smiley bezeichnet. Diese können über das Gesichtssymbol links im Eingabefeld ausgewählt werden. Das Tastatursymbol an der gleichen Stelle blendet wieder die Tastatur ein.

Mit Emojis lassen sich inzwischen ganze Geschichten erzählen. Das Uhrsymbol links in der Kategorieliste bietet schnellen Zugriff auf die zuletzt verwendeten Emojis.

Kommen Sie ohne zu googeln drauf?

Welche Emojis sind die beliebtesten?

Die Seite emojitracker.com zeigt in Echtzeit die Verwendung von Emojis auf Twitter. Bei WhatsApp dürfte die Verteilung ähnlich sein. Das Tränen lachende Smiley liegt mit großem Abstand vor dem roten Herz ganz vorn in der Beliebtheitsskala.

Die Emojis sind nach Kategorien geordnet. Über eine senkrechte Wischbewegung tauchen weitere Emojis auf. Bei den meisten menschlichen Gesichtern und Handgesten, die unten rechts mit einem kleinen Dreieck gekennzeichnet sind, lässt sich durch längeres Antippen die Hautfarbe wählen.

In der privaten Korrespondenz durchaus sinnvoll und lustig, sollten Emojis im offiziellen Schriftverkehr nur sparsam eingesetzt werden. Emojis sollte man nur verwenden, wenn man sicher ist, dass der Empfänger darunter das Gleiche versteht – eventuell auch in einer anderen Sprache.

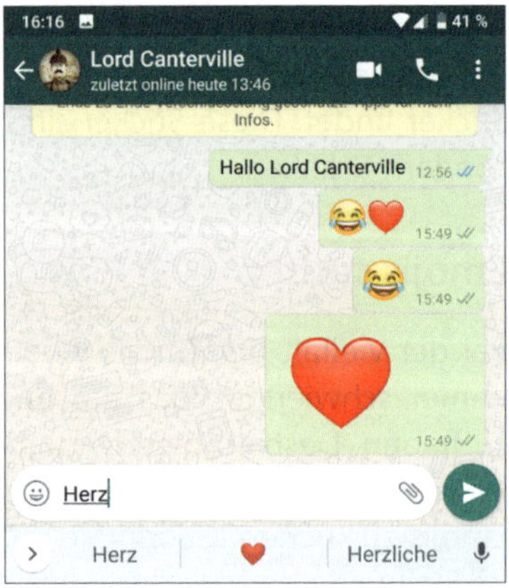

Ein einzelnes Emoji in einer Zeile wird besonders groß dargestellt, ein Herz sogar animiert. Diese Darstellung wird aber nur von wenigen Emojis unterstützt

Gleiche Emojis werden auf unterschiedlichen Systemplattformen grafisch unterschiedlich dargestellt.

Android bietet eine eigene Emoji-Tastatur, die über das Smiley-Symbol links neben der Leertaste aktiviert wird. Hier finden Sie die gleichen Emojis aus dem Unicode, die auf der Tastatur aber etwas anders aussehen. WhatsApp stellt die Zeichen immer mit seinen eigenen Bildchen dar, die auch auf der WhatsApp-Emoji-Tastatur zu sehen sind, unabhängig von der Android-Version.

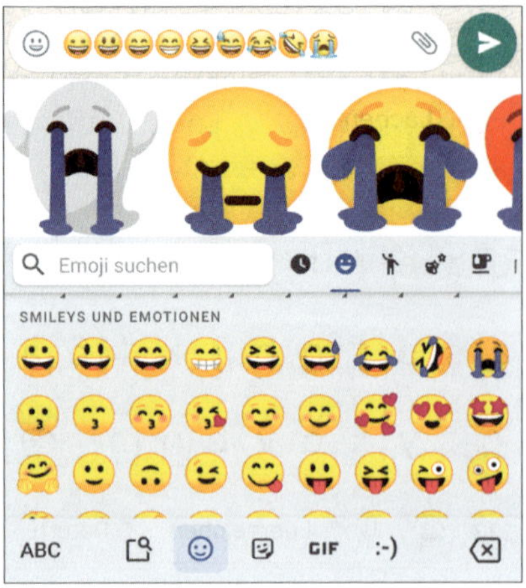

In beiden Abbildungen wurden die Emojis der oberen Zeile eingetippt. Links Android 9 Pie, rechts Android 10

Android 10 bietet in der aktuellen Version der Google-Gboard-Tastatur ein Feld, das auf Wunsch zu eingegebenen Emojis automatisch passende Sticker findet. Diese Sticker sind im Gegensatz zu Emojis keine Zeichen, sondern Grafiken.

Emojis suchen

Bei der Vielfalt der Emojis wird es immer schwieriger, das passende zu finden. Deshalb bietet Android ab Version 8 Oreo die Möglichkeit, Emojis zu suchen. Geben Sie dazu im Suchfeld oberhalb der Android-Emoji-Tastatur einen Begriff ein. Passende Emojis werden vorgeschlagen.

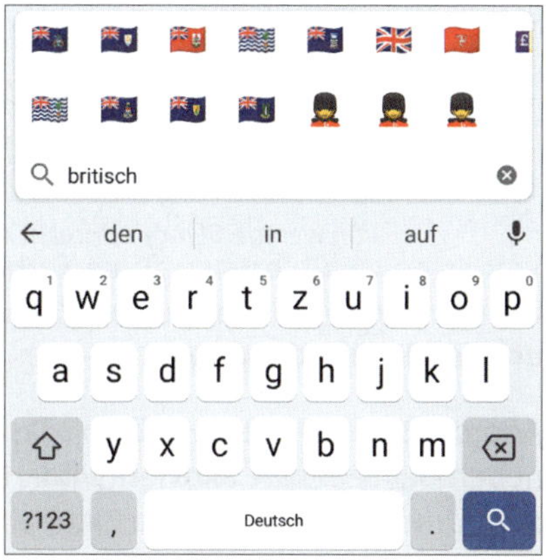

Besonders nützlich ist die Emoji-Suche bei Landesflaggen, die man nicht auswendig kennt

+++ SO GEHT'S AUF DEM IPHONE +++

Tippen Sie ein Wort, zu dem iOS Emojis kennt, werden diese ganz rechts bei den Wortvorschlägen angezeigt und können direkt angetippt werden.

Unicode 12

Google und das für die Standardisierung zuständige Unicode-Konsortium entwickeln ständig neue Emojis im Trend der Zeit und nehmen sie in den Zeichensatz auf. Emojis sind technisch gesehen keine Bilder, sondern Schriftzeichen. Sie können auf jeder Geräteplattform leicht unterschiedlich aussehen und lassen sich auch in Suchanfragen nutzen.

WhatsApp unterstützt den aktuellen Standard Unicode 12. Bei den neuen Emojis findet man weitere Alltagsgegenstände wie Badeanzug, Pflaster, Drachen, Axt, Warnweste, Teddybär und Fallschirm. Im Sinn der Inklusion wurden Personen mit mechanischen und elektrischen Rollstühlen ebenso wie Nutzer von Blindenstöcken und Assistenzhunde mit aufgenommen. Wer seine Gefühle eher durch Farben als durch Gesichter ausdrückt, ist nicht mehr auf bunte Herzchen angewiesen, sondern findet jetzt auch Kreise und Quadrate in neun verschiedenen Farben auf der Emoji-Tastatur.

Zeitgemäß zur in den Medien allgegenwärtigen Genderdiskussion gibt es 71 neue Pärchen verschiedenen Geschlechts, gleichgeschlechtlich wie auch geschlechtsneutral mit allen denkbaren Kombinationen unterschiedlicher Hautfarben. Zusätzlich zu den bereits in drei Varianten bekannten Berufen liefert Unicode 12 jetzt auch die bisher deutlich weibliche Friseurin wie auch Polizisten in neutraler Ausprägung. Zu der bereits in Unicode 11 hinzugekommenen männlichen Form der Meerjungfrau – in der deutschen Unicode-Definition als Meerjungmann bezeichnet – kommt jetzt noch der geschlechtsneutrale Wassermensch. Passend dazu ist ein weiteres Emoji, der sich an den Kopf fassende Mensch, jetzt ebenfalls in drei Geschlechtern verfügbar.

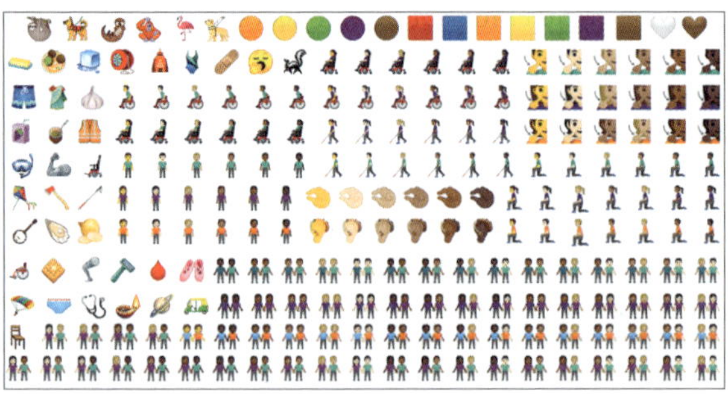

Eine Auswahl neuer Emojis aus Unicode 12

+++ SO GEHT'S AUF DEM IPHONE +++

iOS unterstützt seit Version 13.2 den Standard Unicode 12. Zwei verschiedene Emoji-Tastaturen gibt es hier nicht.

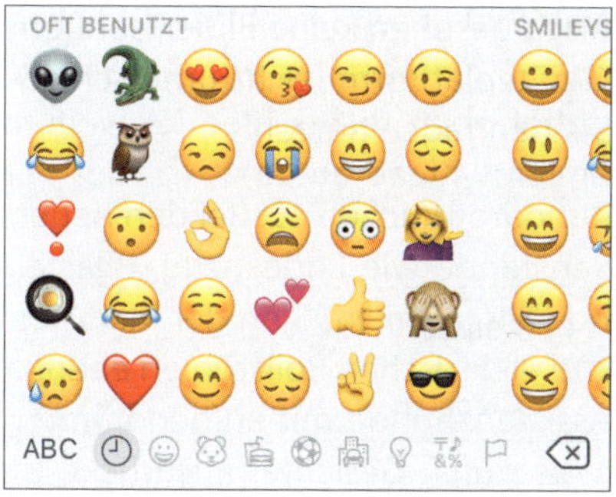

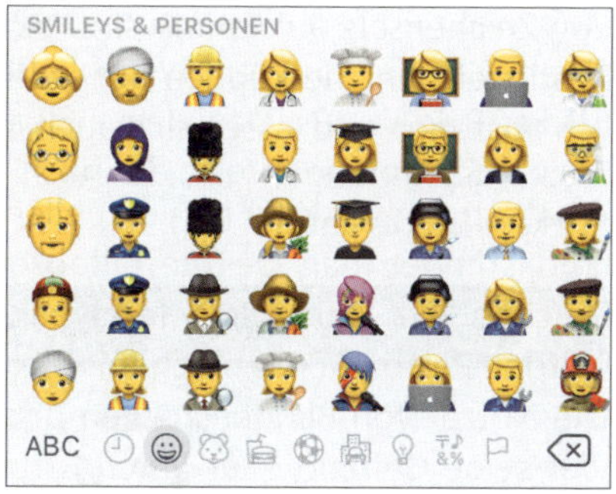

Ausblick auf Unicode 13

Die nächste Version Unicode 13 wird 117 neue Emojis enthalten, wovon einige nur neue Varianten in Geschlecht oder Hautfarbe sind. 62 Emojis sind tatsächlich neu, darunter Gegenstände des Alltags: Bumerang, Schraubendreher, Leiter, Mausefalle, Eimer, Zahnbürste, Rollschuh, Matrioschka und Knoten, neue Lebensmittel: Heidelbeere, Paprika, Olive, Fladenbrot und Käsefondue, neue Tiere: Eisbär, Fliege, Wurm, Biber, Bison, Mammut. Zusätzlich zu den bereits bekannten geschlechtsneutralen Personen kommt »Mx Claus«, die geschlechtsneutrale Version des Weihnachtsmanns. Personen mit schwarzem Anzug oder Brautkleid gibt es jetzt jeweils in drei Geschlechtern und – ganz neu – die stillende geschlechtsneutrale Person und der stillende Mann. Die stillende Frau gibt es ja schon seit vielen Jahren.

Unicode 13 wird voraussichtlich im Herbst 2020 veröffentlicht und dann erfahrungsgemäß bald danach von Android und auch WhatsApp unterstützt.

Eine Auswahl neuer Emojis aus Unicode 13

Sticker

Sticker sind kleine Cartoons, die aus verschiedenen Sammlungen ausgewählt werden können. Sie werden nicht wie Emojis anstelle von Buchstaben in den Text eingebaut, sondern als Bild gesendet. Mit dem Sticker-Symbol in der unteren Symbolleiste der Emoji-Tastatur wählen Sie die Sticker-Palette aus. Das kleine Plussymbol oben rechts blendet weitere Sticker-Sammlungen ein, die nach dem Download automatisch auf der Sticker-Palette auftauchen.

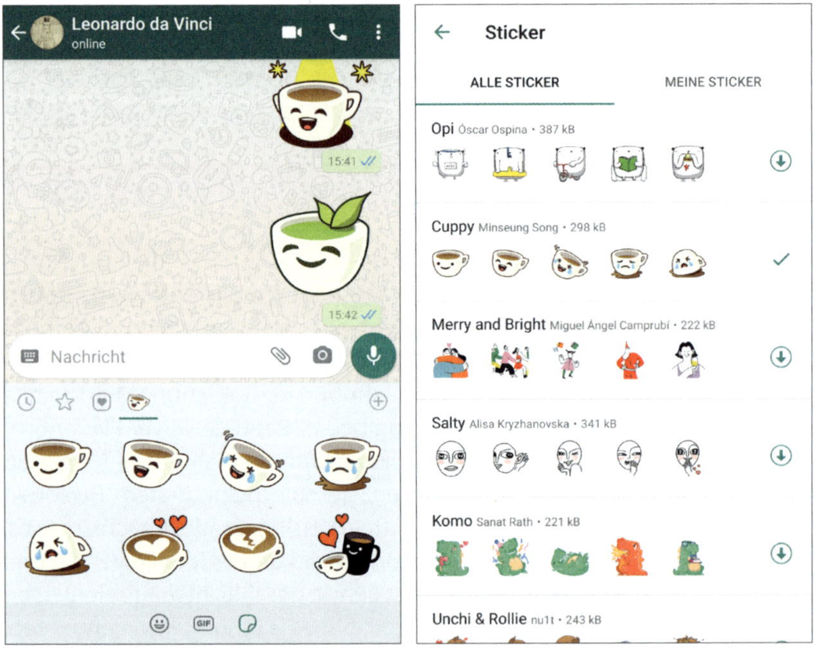

Auch so kann man sich unterhalten und Gefühle ausdrücken. Sticker-Sammlungen auswählen und herunterladen

Text kopieren und einfügen

Texte aus E-Mails, Dokumenten, Webseiten oder anderen Apps lassen sich leicht in eine WhatsApp-Nachricht kopieren.

Die Zwischenablage in Android steht in diversen unterstützten Apps zur Verfügung. Markieren Sie ein Wort oder einen Textbereich durch Antippen, können Sie diesen direkt in die Zwischenablage kopieren. Ziehen Sie an einem der blauen Griffe, können Sie die Markierung auf einen größeren Textbereich ausdehnen. Über das Menü mit den drei Punkten rechts in der Symbolleiste können Sie den kompletten Text auswählen.

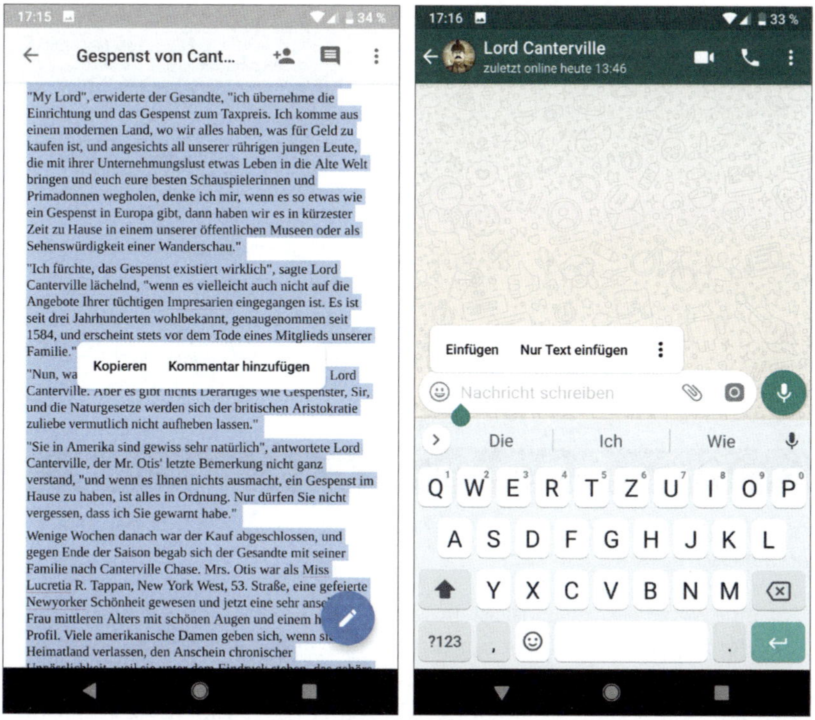

Text aus einer E-Mail kopieren und in WhatsApp einfügen

Halten Sie in WhatsApp den Finger etwas länger auf dem Eingabefeld, erscheint das Symbol *Einfügen*. Tippen Sie darauf, um den kopierten Text einzufügen. Jetzt können Sie in einem kleinen Fenster noch durch den Text blättern und ihn bearbeiten, bevor Sie ihn endgültig abschicken. Die maximale Länge einer Textnachricht ist in WhatsApp auf 65.536 Zeichen begrenzt, was ungefähr 13 Seiten einer Zeitschrift entspricht.

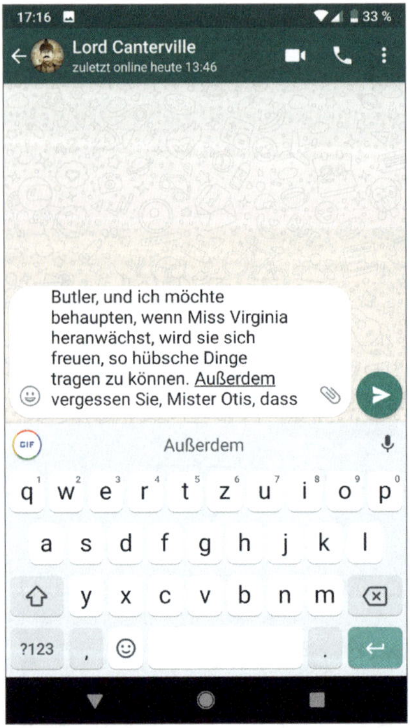

Bei besonders langen Texten wird nur der erste Teil angezeigt. Am Ende erscheint automatisch der Mehr-lesen-Link

Um eine WhatsApp-Nachricht in eine E-Mail oder eine andere App zu kopieren, tippen Sie länger auf die Nachricht, bis am oberen Rand eine Symbolleiste erscheint. Tippen Sie dort auf das Symbol der Zwischenablage. Jetzt können Sie die kopierte Nachricht in eine andere App einfügen.

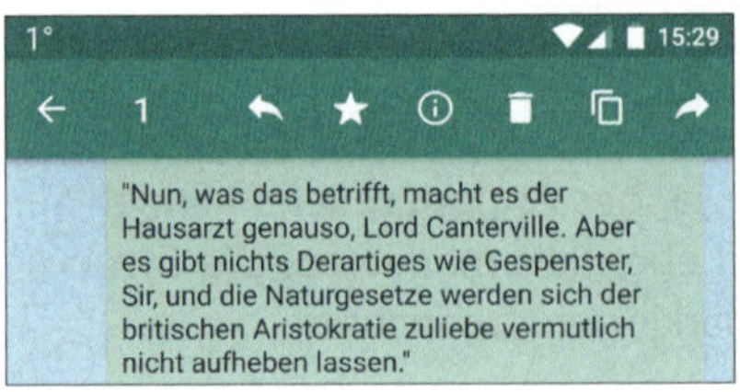

Das zweite Symbol von rechts kopiert eine markierte Nachricht in die Zwischenablage

+++ SO GEHT'S AUF DEM IPHONE +++

Beim längeren Antippen einer Nachricht erscheint ein Auswahlmenü mit mehreren Funktionen.

Nachrichten weiterleiten

Die gleiche Symbolleiste ermöglicht es auch, Nachrichten an andere Personen weiterzuleiten.

1. Markieren Sie eine Nachricht durch langes Antippen. Jetzt können Sie weitere Nachrichten antippen und ebenfalls markieren. Die Symbolleiste zeigt oben links die Anzahl markierter Nachrichten.
2. Tippen Sie auf den Pfeil nach rechts, ganz rechts in der Symbolleiste am oberen Bildschirmrand, um die Nachricht weiterzuleiten.

3. Wählen Sie auf dem nächsten Bildschirm die Personen aus, die die weitergeleitete Nachricht erhalten sollen. Auf diese Weise können Sie Nachrichten gleichzeitig an mehrere Personen weiterleiten. Weitergeleitete Nachrichten werden beim Empfänger als *weitergeleitet* gekennzeichnet, um sie leicht von selbst geschriebenen zu unterscheiden.

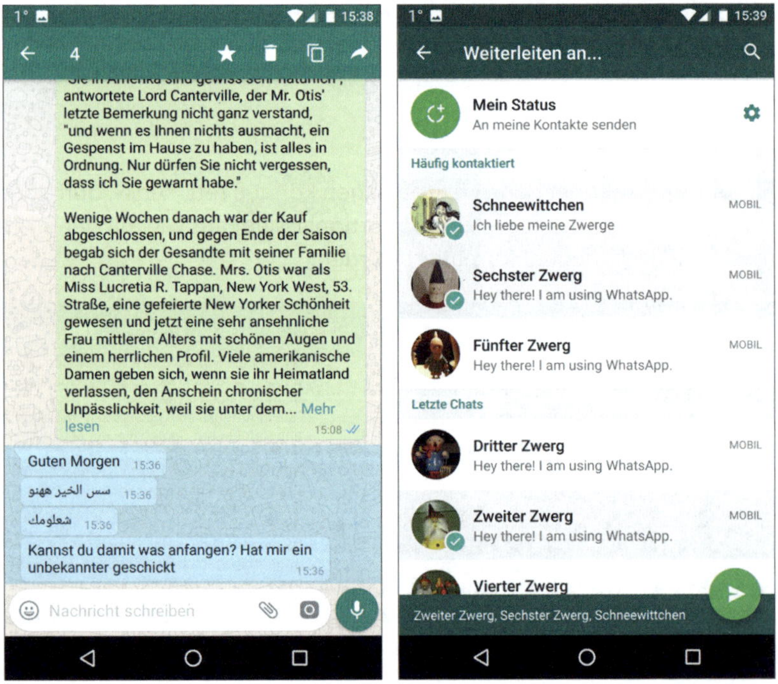

Nachrichten weiterleiten

Bilder können Sie direkt mit dem Pfeil neben dem Bild weiterleiten, ohne es erst markieren und auf die Symbolleiste klicken zu müssen.

Begrenzung beim Weiterleiten

Da die Funktion, Nachrichten an viele Personen auf einmal weiterzuleiten, häufig zur Verbreitung von Gerüchten und Falschmeldungen missbraucht wurde, hat WhatsApp diese Möglichkeit begrenzt.

Seit Mitte Januar 2019 kann eine Nachricht nur noch an bis zu fünf Personen auf einmal weitergeleitet werden.

Besonders häufig weitergeleitete Bilder und Videos werden mit einem Doppelpfeil neben dem Hinweis *Weitergeleitet* gekennzeichnet. Diese Nachrichten können nur noch an einzelne Personen weitergeleitet werden. Der Pfeil neben dem Bild zum schnellen Weiterleiten fehlt ebenfalls.

Textformatierung

Einzelne Wörter oder ganze Textpassagen können fett, kursiv, durchgestrichen oder in Monospace (nicht proportional, sieht aus wie mit der Schreibmaschine geschrieben) formatiert werden.

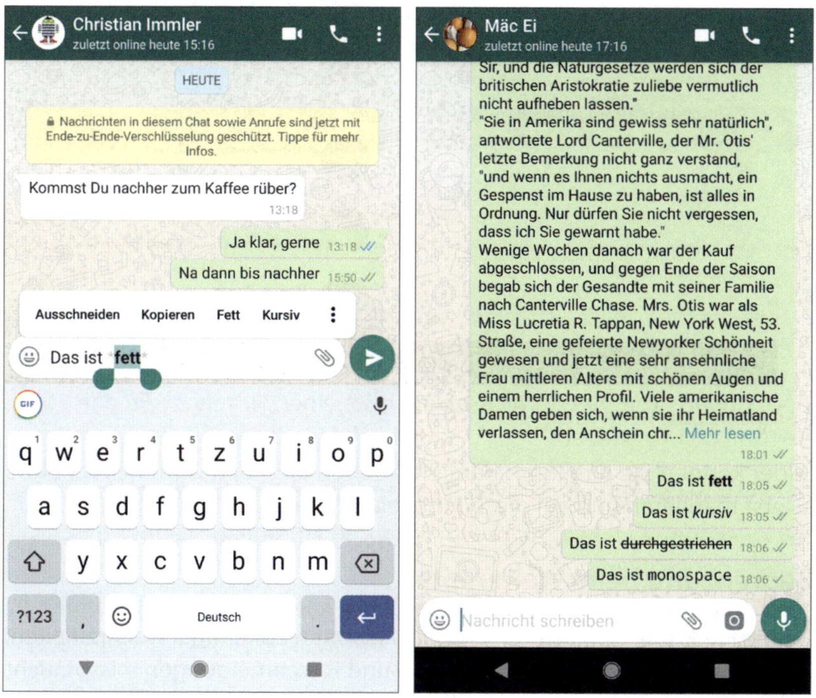

Text formatieren

Markieren Sie dazu im Texteingabefeld die zu formatierenden Wörter, tippen Sie in der Symbolleiste, mit der Sie auch kopieren und einfügen, auf das Menü mit den drei Punkten und wählen Sie die gewünschte Textauszeichnung.

Alternativ können Texte auch formatiert werden, indem man am Anfang und Ende ein entsprechendes Sonderzeichen tippt:

fett
kursiv
~durchgestrichen~
‴monospace‴

+++ SO GEHT'S AUF DEM IPHONE +++

Markieren Sie die zu formatierenden Wörter im Texteingabefeld. Schieben Sie die Funktionsleiste nach links, erscheint das Feld *BIU*. Tippen Sie darauf, werden die Textauszeichnungen angezeigt.

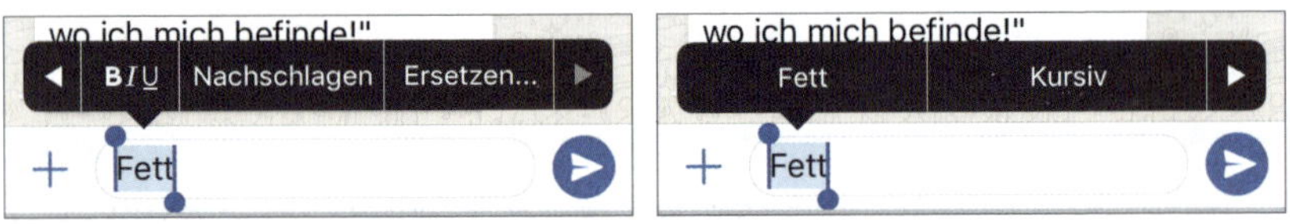

Was bedeuten die Häkchen bei den Nachrichten?

Bei eigenen gesendeten Nachrichten erscheinen Häkchen, die den Status der Nachricht angeben:

- **Zwei blaue Häkchen:** Nachricht wurde vom Empfänger gelesen.
- **Zwei graue Häkchen:** Nachricht wurde an den Empfänger geschickt, aber noch nicht gelesen.
- **Ein graues Häkchen:** Nachricht wurde noch nicht an den Empfänger zugestellt, weil dieser z. B. keinen Netzempfang hat oder das Smartphone aus ist.

- **Uhr**: Nachricht konnte noch nicht gesendet werden, weil das eigene Smartphone keinen Netzempfang hat.

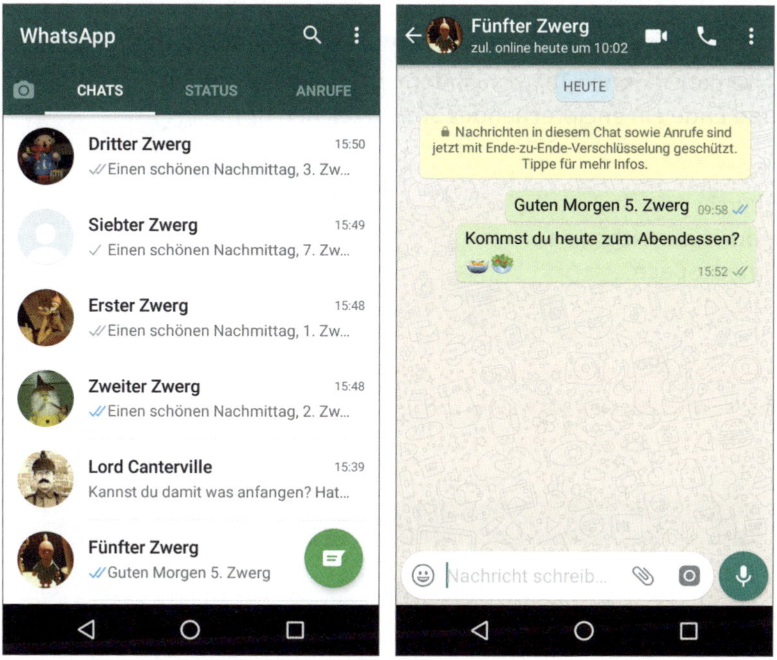

Häkchen zum Sendungsstatus in der Chatübersicht und in einem einzelnen Chat

In der Chatübersicht steht bei jeder Person immer die letzte Nachricht, egal ob diese gesendet oder empfangen wurde. Ist die letzte Nachricht eine, die Sie von der Person bekommen haben, sind keine Häkchen zu sehen.

Wann wurde eine Nachricht gelesen?

Die in den Listen angezeigten Zeiten geben an, wann eine Nachricht geschrieben oder empfangen wurde. Ganz oben in einem einzelnen Chat sehen Sie, wann die Person zum letzten Mal online war. Das bedeutet, wann sie WhatsApp benutzt hat. Onlinezeiten anderer Apps werden hier nicht berücksichtigt.

Um zu sehen, wann eine Person eine Nachricht gelesen hat, tippen Sie länger auf die Nachricht, bis die Symbolleiste oben erscheint. Tippen Sie dort auf das *i*-Symbol.

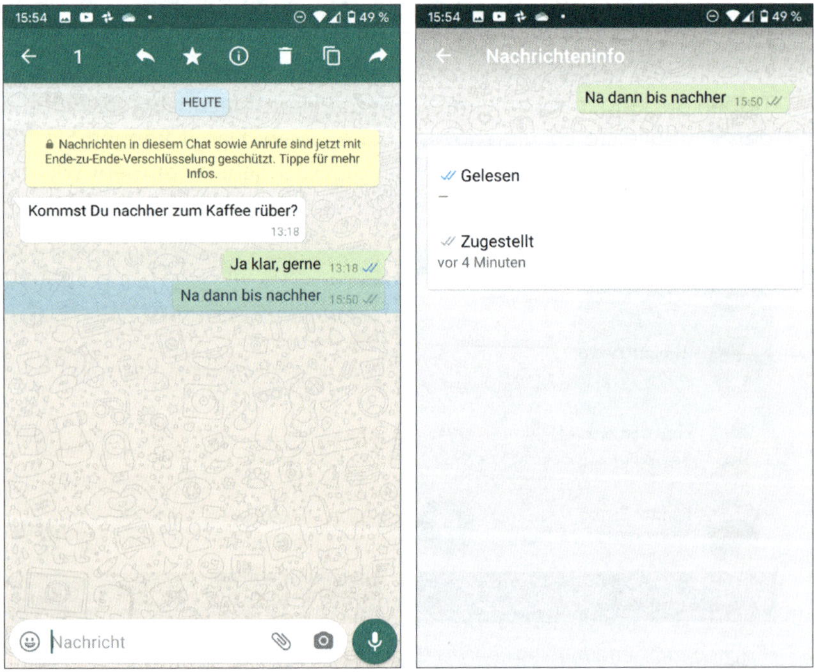

Nachrichteninfos anzeigen

Wichtige Nachrichten markieren

Per WhatsApp bekommt man im Lauf der Zeit Hunderte von Nachrichten, von denen die meisten nach ein paar Minuten völlig unwichtig sind. Die wenigen interessanten Nachrichten gehen so schnell unter.

1. Markieren Sie eine Nachricht durch langes Antippen. Jetzt können Sie weitere Nachrichten antippen und ebenfalls markieren. Die Symbolleiste zeigt oben links die Anzahl markierter Nachrichten.

2. Tippen Sie auf das Sternchen, um die Nachricht als wichtig zu markieren.
3. Tippen Sie in der Chatübersicht oben rechts auf das Menü mit den drei Punkten und wählen Sie *Mit Stern markierte*. Jetzt werden alle Nachrichten angezeigt, die mit einem Stern markiert wurden. Tippen Sie auf eine Nachricht, kommen Sie direkt zur entsprechenden Stelle im Chatverlauf.
4. Tippen Sie länger auf eine mit Stern markierte Nachricht, erscheint in der Symbolleiste ein durchgestrichener Stern. Damit können Sie die Markierung wieder aufheben, wenn die Nachricht nicht mehr wichtig ist.

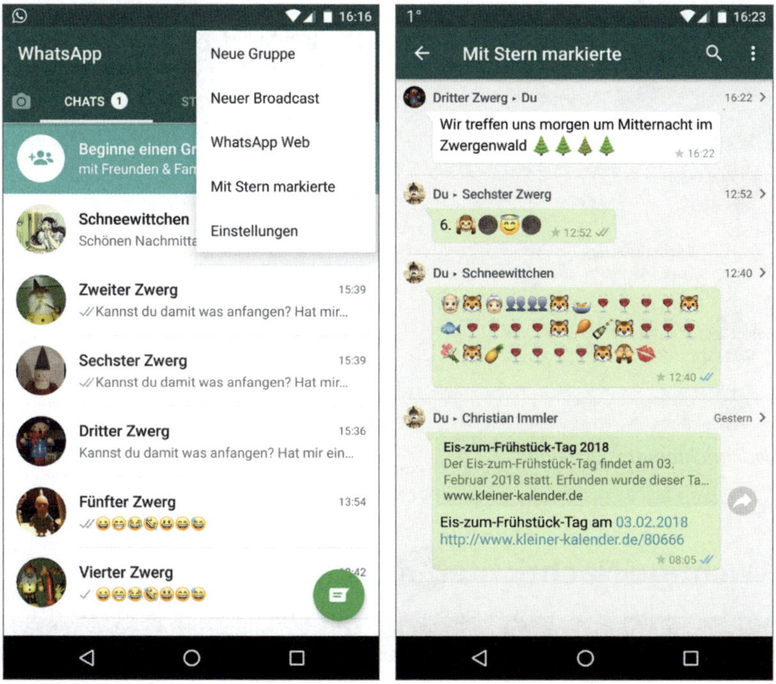

Mit Stern markierte Nachrichten anzeigen

Chat als ungelesen markieren

Möchten Sie eine längere Nachricht später noch einmal in Ruhe lesen und das auch nicht vergessen, markieren Sie den Chat einfach als ungelesen. Tippen Sie dazu in der Chatübersicht länger auf einen Chat. Sobald die Symbolleiste erscheint, können Sie noch mehrere Chats auswählen. Über das Menü mit den drei Punkten rechts oben markieren Sie diese Chats als ungelesen. Das betrifft nur Ihr Smartphone. Beim Chatpartner erscheinen die Nachrichten weiterhin als gelesen.

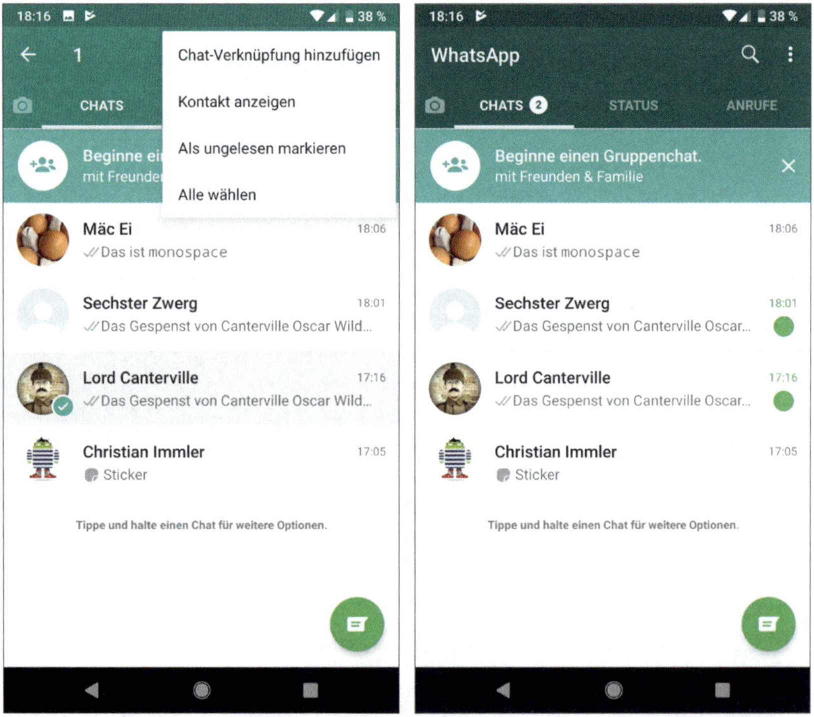

Als ungelesen markierte Chats erscheinen mit grünem Punkt, aber ohne Zahl

+++ SO GEHT'S AUF DEM IPHONE +++

Schieben Sie in der Chatübersicht einen Chat nach rechts, erscheint links davon ein Symbol, um diesen Chat als ungelesen zu markieren.

Wichtige Chats fixieren

Bekommen Sie von vielen Personen immer wieder unwichtige Nachrichten oder Witzbilder, rutschen persönlich wirklich wichtige Chatpartner unten aus der Liste heraus.

Um das zu vermeiden, tippen Sie in der Liste länger auf einen wichtigen Chat und oben auf die Pinnadel, um diesen anzupinnen. Sie können auch mehrere Chats gleichzeitig wählen.

Die angepinnten Chats erscheinen immer ganz oben in der Liste.

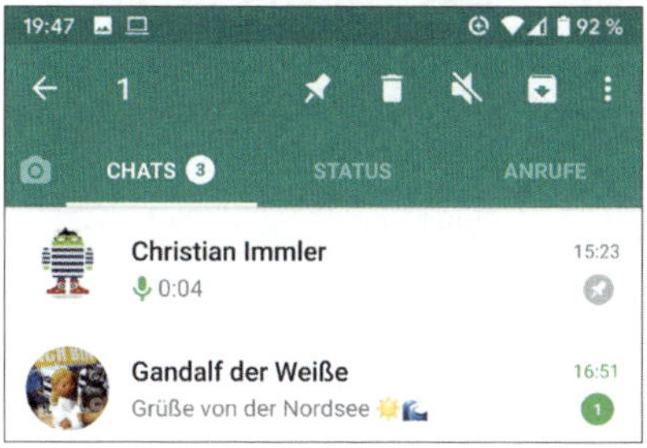

Wichtigen Chat oben in der Liste fixieren

Nachrichten durchsuchen

Suchen Sie eine bestimmte Information und können diese in einem sehr langen Chatverlauf nicht mehr finden, tippen Sie im Chat oben auf das Menüsymbol mit den drei Punkten und wählen *Suchen*. Geben Sie einen Suchbegriff ein.

Mit den beiden Pfeilen rechts blättern Sie durch die Treffer.

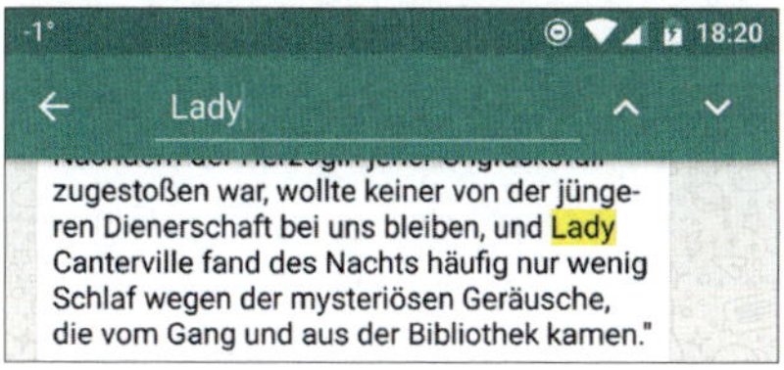

Chat nach Stichwörtern durchsuchen

+++ SO GEHT'S AUF DEM IPHONE +++

Tippen Sie im Chat oben auf den Namen und auf der nächsten Seite auf *Chat durchsuchen*. Jetzt erscheint ein Suchfeld, in dem Sie den Suchbegriff eingeben können.

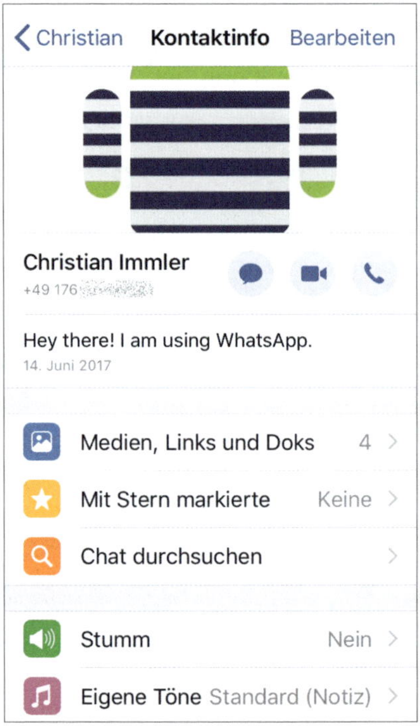

Nachrichten löschen

Immer wieder kommt es vor, dass man eine Nachricht löschen möchte, um den Chatverlauf übersichtlich zu halten, oder sogar, um eine Nachricht ungeschehen zu machen, bevor der Chatpartner sie liest. Dies funktioniert nur in einem Zeitraum sieben Minuten nach dem Senden der Nachricht. Danach wird die Nachricht zwar auf dem eigenen Smartphone gelöscht, der Chatpartner sieht sie aber weiterhin.

1. Markieren Sie eine Nachricht durch langes Antippen. Jetzt können Sie weitere Nachrichten antippen und ebenfalls markieren. Die Symbolleiste zeigt oben links die Anzahl markierter Nachrichten.
2. Tippen Sie auf das Papierkorbsymbol, um die Nachricht zu löschen.
3. Wählen Sie, ob Sie die Nachricht nur aus dem eigenen Chatverlauf löschen möchten oder ob sie auch beim Chatpartner aus dem Verlauf verschwinden soll.

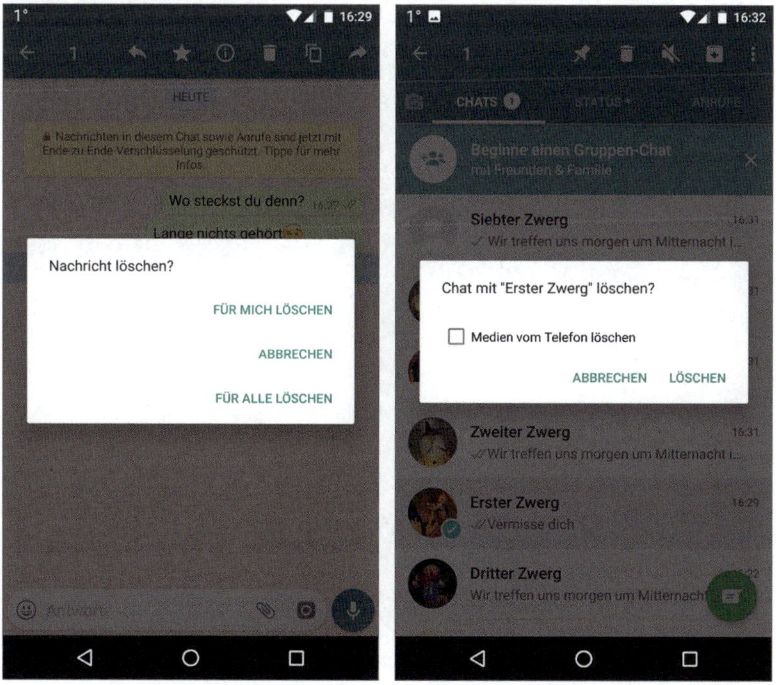

Einzelne Nachricht oder Chatverlauf löschen

Tippen Sie in der Chatübersicht länger auf eine Person, können Sie mit dem Papierkorbsymbol den Chatverlauf komplett leeren.

Dies gilt aber nur für Ihr eigenes Smartphone, beim Chatpartner bleibt der Verlauf erhalten.

+++ SO GEHT'S AUF DEM IPHONE +++

Einzelne Nachrichten lassen sich ebenfalls durch langes Antippen löschen. Um den Chatverlauf komplett zu leeren, schieben Sie in der Chatübersicht einen Chat nach links und tippen auf das Symbol *Mehr*, um diesen Chatverlauf zu leeren.

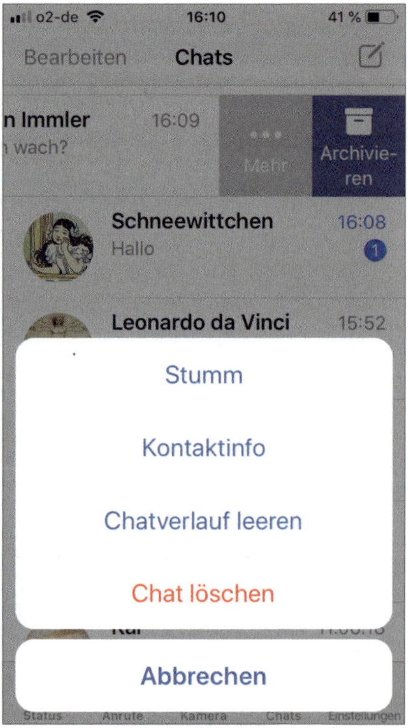

3. Bilder versenden

Bilder per WhatsApp zu versenden, ist mindestens genauso beliebt wie Textnachrichten zu schreiben. Das können Urlaubsfotos, Selfies oder witzige Bilder und Sprüche aus dem Internet sein, die auf diese Weise schnell mit Freunden geteilt werden.

Bilder auswählen

1. Schreiben Sie eine Nachricht oder tippen Sie unten im Texteingabefenster direkt auf die Büroklammer.
2. Tippen Sie auf das Symbol *Galerie*, um ein auf dem Smartphone gespeichertes Foto auszuwählen. Jetzt erscheint eine Liste der Fotoordner auf dem Smartphone. Wählen Sie hier das gewünschte Foto, um es zu versenden.

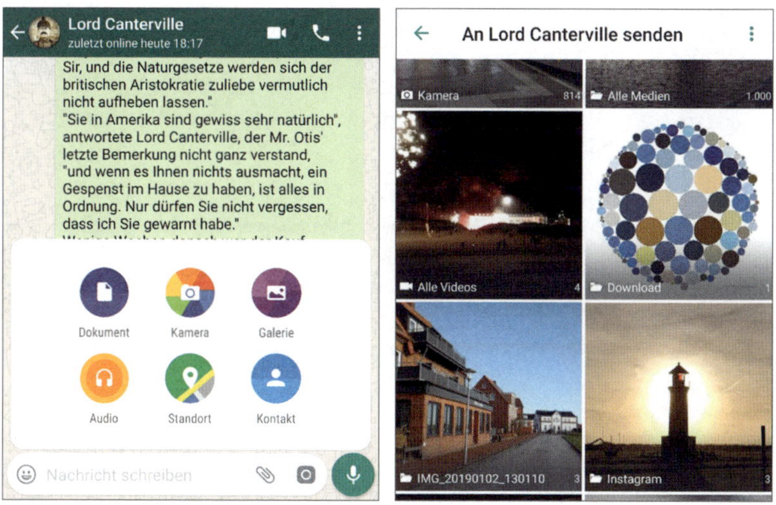

Foto in der Galerie auswählen

3. Das Foto erscheint im Großformat, und Sie können es direkt mit dem grünen Pfeil losschicken.

4. Mit dem Bildsymbol unten links können Sie noch weitere Fotos hinzufügen, die dann alle auf einmal versendet werden.

5. Geben Sie im Feld *Beschriftung hinzufügen* noch eine kurze Textnachricht ein, dann weiß der Empfänger gleich mit dem Foto etwas anzufangen. Anschließend schicken Sie das Foto mit dem grünen Pfeil ab.

Da offenbar viele Menschen Fotos an die falschen Personen geschickt haben, zeigt die aktuelle WhatsApp-Version unten links unterhalb der Textzeile die ausgewählten Empfänger der Nachricht an. Der Empfänger braucht nur auf das Foto im Chat zu tippen, um es in voller Größe zu sehen.

+++ SO GEHT'S AUF DEM IPHONE +++

Um Bilder oder andere Daten zu versenden, tippen Sie unten links auf das Plussymbol neben dem Texteingabefenster und wählen den Typ der gewünschten Datei.

Kompression spart Datenvolumen

WhatsApp komprimiert versendete Fotos automatisch, um Datenvolumen zu sparen. Dabei wird auch die Bildauflösung reduziert, was zur Anzeige auf dem Smartphone aber noch völlig ausreicht. Ein durchschnittliches Smartphone-Foto mit 3 MB Größe ist nach der Kompression nur noch etwa 100 KB groß. Möchten Sie ausnahmsweise ein Bild mit voller Auflösung und Originalqualität verschicken, damit der Empfänger es zum Beispiel drucken kann, senden Sie das Bild nicht als Bild, sondern als Dokument (siehe in Kapitel 4 den Abschnitt »Dokumente und andere Dateien versenden«).

Filter

Manche mit dem Smartphone aufgenommene Fotos haben nur blasse Farben, die sich mit Filtern korrigieren lassen. In vielen Fällen brauchen Sie keine Bildbearbeitungs-App, um in WhatsApp ein Bild zu verbessern oder gezielt mit einem Effekt zu versehen.

1. Wischen Sie, während die Zeile *Nach oben wischen für Filter* angezeigt wird, senkrecht von unten nach oben über den Bildschirm.
2. Am unteren Bildschirmrand werden verschiedene Farbfilter mit Vorschaubildern eingeblendet. Wählen Sie den gewünschten Filter aus, wird er sofort angewendet. Filter werden nicht übereinander angewendet. Die Auswahl eines neuen Filters setzt den vorherigen zurück. Das Symbol ganz links zeigt das Originalfoto ohne Filter.

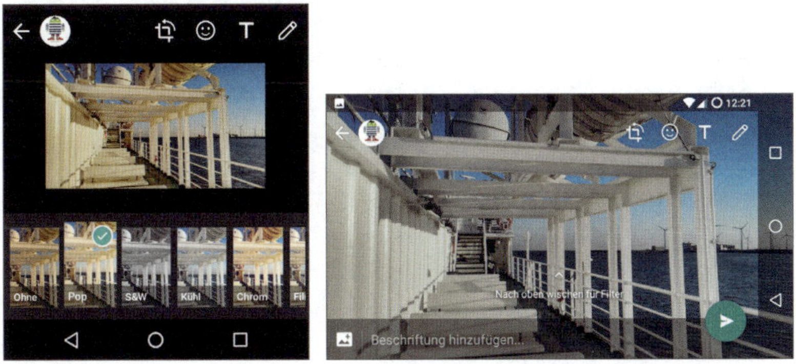

Filter auf ein Foto anwenden

3. Tippen Sie auf das Foto, um dieses zu zoomen und so den Filtereffekt besser zu sehen. Sie können das Smartphone auch einfach quer halten, um ein Querformatfoto größer zu sehen.
4. Tippen Sie auf den grünen Pfeil, um das Foto mit angewendetem Filter abzuschicken.

Bildausschnitt wählen

Manchmal läuft eine Person ins Bild oder der wirklich interessante Teil des Bildes ist wesentlich kleiner als das aufgenommene Foto.

1. Tippen Sie auf dieses Symbol oben in der Bildanzeige. Jetzt können Sie das Bild zuschneiden. Ziehen Sie die weißen Markierungen an den Ecken oder Seiten des Bildes, um den gewünschten Ausschnitt zu wählen. Das Originalfoto bleibt auf dem Smartphone erhalten.

2. Mit dem Pfeilsymbol unten in der Mitte drehen Sie das Bild in 90°-Schritten. Besonders beim Fotografieren senkrecht nach unten, etwa bei Gegenständen, die auf dem Tisch oder Boden liegen, kommt der Lagesensor oft durcheinander und speichert eine falsche Orientierung im Foto.
3. Tippen Sie auf *Fertig*, um den Ausschnitt zu speichern und anschließend noch Filter anzuwenden oder das Bild zu verschicken.

Foto zuschneiden und verschicken

> **Standort zum Bild**
>
> Beim Komprimieren des Fotos für den Versand gehen die im Foto gespeicherten Standortinformationen verloren. Möchten Sie dem Empfänger mitteilen, wo das Foto aufgenommen wurde, schicken Sie einfach den Standort hinterher (siehe in Kapitel 4 den Abschnitt »Standort versenden«), vorausgesetzt Sie befinden sich noch an der Stelle.

+++ SO GEHT'S AUF DEM IPHONE +++

Bilder können nicht nur in 90°-Schritten, sondern frei gedreht werden, um z. B. einen schiefen Horizont gerade zu ziehen. Mit dem Symbol rechts unten können Sie typische Standardseitenverhältnisse für Bildausschnitte wählen.

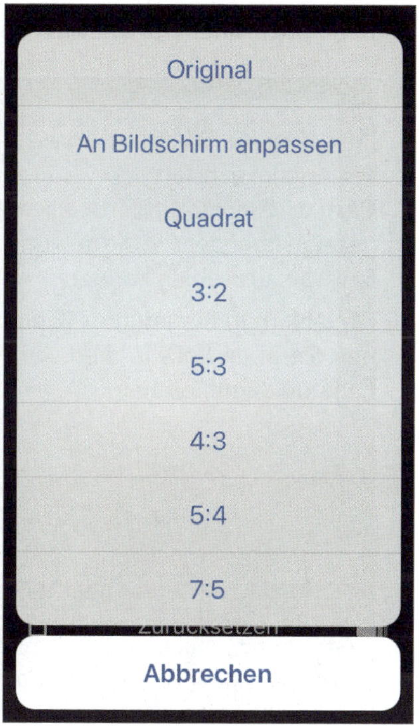

Symbole in Bilder einbetten

Um im Foto etwas hervorzuheben oder einfach nur aus Spaß können Sie in Fotos Bildsymbole einfügen. Das Originalfoto bleibt auf dem Smartphone erhalten.

1. Tippen Sie auf dieses Symbol oben in der Bildanzeige, wird eine Auswahl der wichtigsten Emojis angezeigt.

2. Tippen Sie auf ein Emoji, erscheint es im Bild und Sie können es an die gewünschte Position verschieben. Mit zwei Fingern drehen und zoomen Sie das Emoji.
3. Die beiden Uhren ganz oben in der Liste zeigen immer die aktuelle Uhrzeit.
4. Pfeil, Kreis, Quadrat und Sprechblasen lassen sich farblich verändern. Dazu wird rechts ein Farbbalken angezeigt, über den Sie die gewünschte Farbe auswählen können.
5. Ein fehlerhaft eingefügtes Bild können Sie oben links in die Ecke ziehen und damit löschen.

Emojis und Pfeile in ein Bild einfügen

Schreiben und Malen im Bild

Mit dem Malstift malen Sie direkt ins Bild. Auch hier lässt sich die Farbe auf einer Regenbogenskala auswählen.

Dieses Symbol blendet die Tastatur ein, um einen Text ins Bild zu schreiben. Diesen können Sie anschließend verschieben oder skalieren.

Fotografieren mit WhatsApp

WhatsApp beinhaltet eine eigene Kamerafunktion, um Fotos aufzunehmen und sofort zu versenden, ohne erst die Kamera-App zu öffnen, das Bild zu speichern und später in WhatsApp zu übernehmen. Dabei gibt es zwei Möglichkeiten:

- Das Kamerasymbol links oben in der WhatsApp-Chatübersicht startet die Kamera. Nachdem Sie ein Bild aufgenommen und eventuell noch bearbeitet haben, wählen Sie die Person aus, an die das Bild gesendet werden soll.

- Das Kamerasymbol unten rechts im Texteingabefeld eines Chats startet ebenfalls die Kamera. Das Bild wird anschließend an die Person gesendet, mit der Sie gerade chatten.

Die WhatsApp-Kamera im Überblick

- Tippen Sie auf den runden Auslöser in der Mitte unten, um ein Bild aufzunehmen. Längeres Halten nimmt ein Video auf.
- Das Blitzsymbol unten links schaltet zwischen Blitzautomatik, Blitz ein und Blitz aus um.
- Das Kamerasymbol unten rechts schaltet zwischen Hauptkamera und Frontkamera um.
- Die zuletzt aufgenommenen Fotos werden in einer seitlich verschiebbaren Leiste angezeigt. Hier können Sie ein Foto auswählen, statt ein neues zu fotografieren. Schieben Sie die Fotoleiste nach oben, erscheint eine Übersicht aller Fotos auf dem Smartphone nach Aufnahmedatum sortiert.
- Tippen Sie mitten ins Bild, verschwindet die Fotoleiste. Jetzt können Sie den Bereich wählen, auf den der Autofokus der Kamera scharf stellen soll.
- Für Aufnahmen im Querformat halten Sie einfach das Smartphone quer. Das funktioniert auch innerhalb von WhatsApp.

Geringere Bildqualität

WhatsApp komprimiert Fotos vor dem Versand, um Daten zu sparen. Die Kamera in WhatsApp fotografiert direkt mit geringerer Auflösung und höherer Kompression und unterstützt auch keine Spezialfunktionen der Standard-Kamera-App. Dadurch haben die Bilder, wenn Sie sie auch noch außerhalb von WhatsApp verwenden möchten, eine geringere Qualität als Fotos, die mit der Standard-Kamera-App aufgenommen wurden.

Bilder an andere Personen weiterleiten

Ein Bild aus einem Chat an eine andere Person weiterzuleiten, ist genauso einfach wie bei einer Textnachricht. Es gelten auch die gleichen Begrenzungen, an wie viele Personen ein Bild weitergeleitet werden kann.

1. Tippen Sie auf den Pfeil neben dem Bild und wählen Sie anschließend eine oder mehrere Personen aus, an die das Bild weitergeleitet werden soll.
2. Möchten Sie mehrere Bilder auf einmal weiterleiten, tippen Sie länger auf ein Bild, bis die Nachricht leicht grün hinterlegt wird und oben die Symbolleiste erscheint.
3. Tippen Sie dann auf die anderen Bilder, die weitergeleitet werden sollen. In diesem Fall tippen Sie zum Schluss auf den Pfeil nach rechts in der Symbolleiste und wählen die Personen, die die Bilder bekommen sollen.

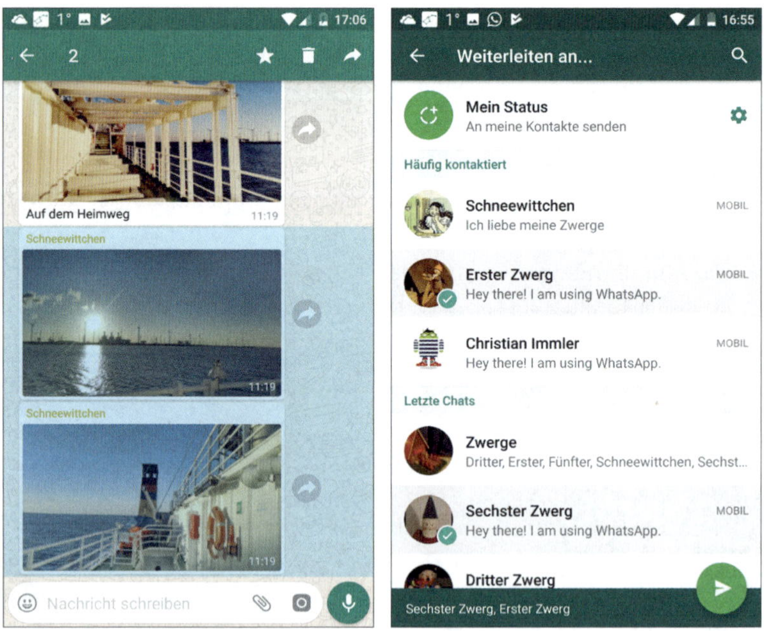

Bilder an andere Personen weiterleiten

Erhalten Sie von einer Person in einem kurzen Zeitraum viele Fotos hintereinander, fasst WhatsApp diese zu einem Nachrichtenblock zusammen. Tippen Sie auf die Nachricht, sehen Sie alle Bilder und können diese antippen und in voller Größe betrachten. Ein solcher Bilderblock lässt sich durch längeres Antippen im Ganzen weiterleiten, ohne jedes Bild einzeln auswählen zu müssen.

Bilder aus anderen Apps mit WhatsApp versenden

Alle Apps, die Bilder bearbeiten oder anzeigen, haben irgendwo im Menü ein *Teilen*-Symbol. Tippen Sie darauf, erscheint eine Liste von Apps, mit denen das gerade geöffnete Bild oder auch mehrere ausgewählte geteilt werden können. Viele Apps zeigen dabei auch eine Liste häufig kontaktierter Personen an, in der bei regelmäßiger Nutzung auch Ihre wichtigsten WhatsApp-Kontakte auftauchen.

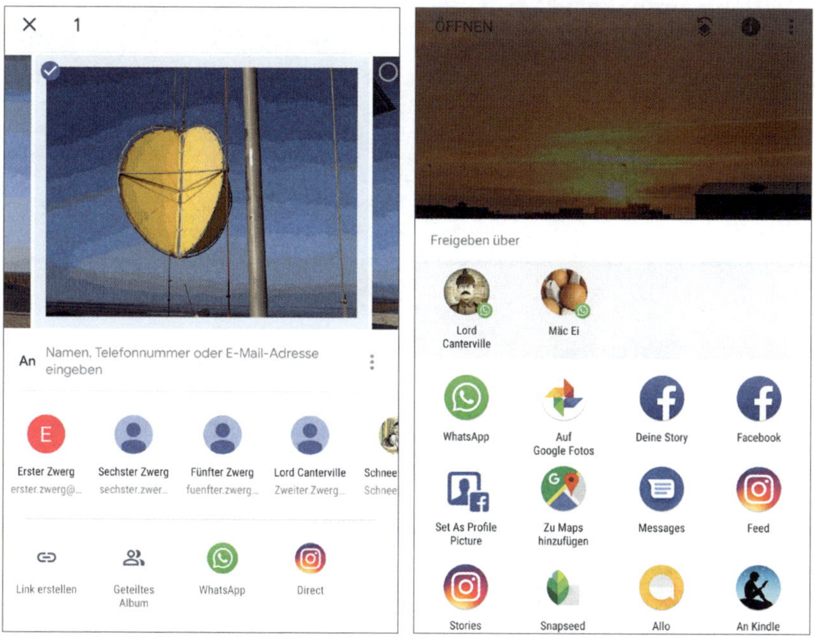

Teilen in Google Fotos und Snapseed

+++ SO GEHT'S AUF DEM IPHONE +++

Öffnen Sie die App *Fotos* und tippen Sie in der Bilderliste oben auf *Auswählen*. Suchen Sie die zu versendenden Bilder aus und tippen Sie auf das *Teilen*-Symbol unten links. Wählen Sie dann WhatsApp aus der Liste der Apps und anschließend die Personen, die die Bilder erhalten sollen.

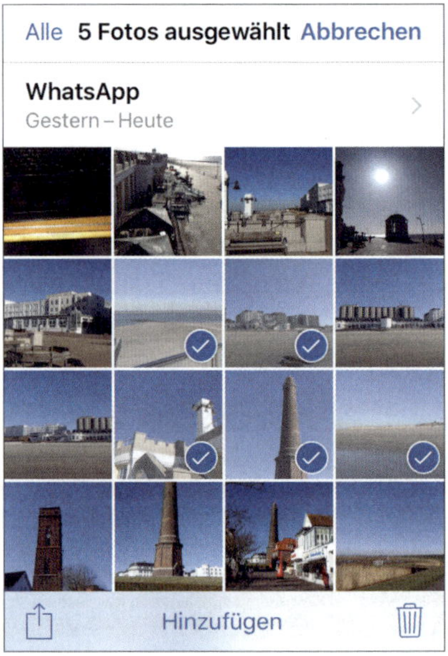

Bilder aus WhatsApp mit anderen Apps versenden oder weiterbearbeiten

Möchten Sie ein Bild, das Sie über WhatsApp erhalten haben, mit einer App weiterbearbeiten oder auf anderem Wege teilen, zum Beispiel per E-Mail, tippen Sie oben rechts in der Bildanzeige auf das Menü mit den drei Punkten und wählen *Teilen*. Auch hier erscheint eine Liste von Apps, mit denen das gerade geöffnete Bild geteilt oder bearbeitet werden kann. Wählen Sie die gewünschte App aus, und das Bild wird automatisch darin geöffnet.

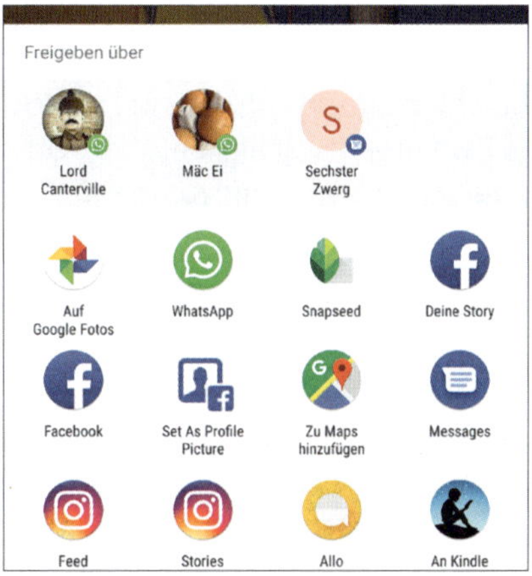

Foto aus WhatsApp mit anderen Apps weiterbearbeiten oder teilen

+++ SO GEHT'S AUF DEM IPHONE +++

Tippen Sie im Chat auf das Foto, um es als Vollbild anzuzeigen. Tippen Sie dann unten links auf das *Teilen*-Symbol und wählen Sie im Menü *Teilen*. Suchen Sie auf dem nächsten Bildschirm die gewünschte App aus, und das Bild wird automatisch darin geöffnet.

Bilder in WhatsApp bearbeiten und weitersenden

Möchten Sie ein Foto, das Sie per WhatsApp erhalten haben, an eine andere Person weiterschicken, aber vorher noch bearbeiten, etwa zuschneiden oder einen Sticker hinzufügen?

Leiten Sie das Bild nicht einfach weiter, sondern gehen Sie folgendermaßen vor:

1. Tippen Sie auf das Bild, das Sie erhalten haben, und wählen Sie oben rechts im Menü den Punkt *Teilen*.
2. Tippen Sie dann auf das WhatsApp-Symbol oder auf einen der auf dem *Teilen*-Bildschirm angezeigten WhatsApp-Kontakte.
3. Jetzt haben Sie die bekannten Bearbeitungsfunktionen zur Verfügung, bevor Sie das Bild abschicken.

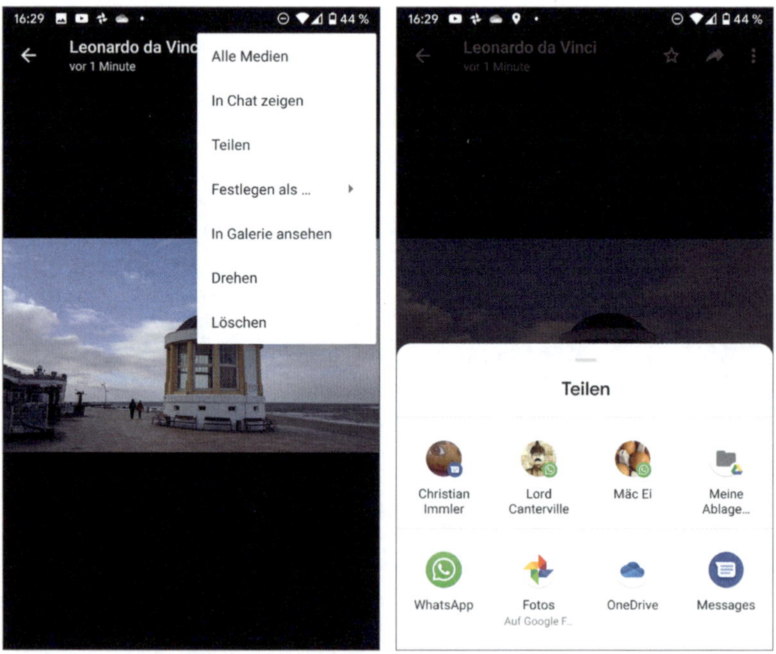

Bild aus WhatsApp teilen und vorher bearbeiten

+++ SO GEHT'S AUF DEM IPHONE +++

Tippen Sie auf das Bild, das Sie bearbeitet weiterleiten möchten, und dann unten links auf das *Teilen*-Symbol. Wählen Sie im Menü *Teilen* und auf dem nächsten Bildschirm *Kopieren*. Wechseln Sie dann in den Chat mit der anderen Person, tippen Sie länger in das Eingabefeld und dann auf *Einfügen*. Jetzt erscheint das Bild mit den Bearbeitungsfunktionen.

GIFs finden und versenden

Im Internet kursieren Millionen kleiner animierter Bilder im GIF-Format zu den unterschiedlichsten Themen. Google bietet innerhalb der Tastatur *Gboard* eine Suchfunktion für solche GIFs an, die auch innerhalb von WhatsApp verwendet werden kann.

1. Tippen Sie beim Schreiben einer Nachricht auf das Smiley links unten auf der Tastatur neben der Leertaste, erscheint eine Symbolleiste.
2. Tippen Sie hier auf das Symbol *GIF*. Wischen Sie nach links und rechts, erscheinen populäre GIFs zu vorgegebenen Stichwörtern, die Sie direkt auswählen und versenden können.
3. Geben Sie im Suchfeld ein Stichwort ein, sucht Google nach passenden GIFs. Oberhalb der Bilder werden häufig verwendete Suchbegriffe vorgeschlagen.

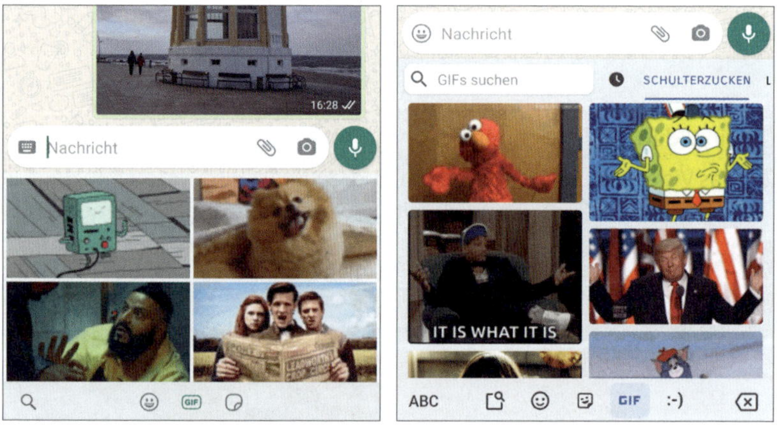

GIFs mit WhatsApp (links) und Google (rechts) suchen und verschicken

WhatsApp bietet ebenfalls eine eigene GIF-Suche an, die zwar weniger, aber dafür manchmal auch andere Bilder findet.

1. Tippen Sie beim Schreiben einer Nachricht auf das Smiley links im Eingabefeld, erscheint die Emoji-Palette und darunter eine Symbolleiste.
2. Tippen Sie hier auf das Symbol *GIF*.
3. Geben Sie im Suchfeld über das Lupensymbol ganz links unten ein Stichwort ein, sucht WhatsApp nach passenden GIFs.

GIFs werden beim Empfänger mit einem GIF-Symbol gekennzeichnet. Tippen Sie darauf, wird die Animation abgespielt.

+++ SO GEHT'S AUF DEM IPHONE +++

Tippen Sie im Chat auf das Plussymbol unten links und wählen Sie im Menü *Foto- und Videomediathek*. Tippen Sie auf dem nächsten Bildschirm unten links auf das Suchsymbol *GIF* und geben Sie im Suchfeld ein Stichwort ein. Eine Liste häufig verwendeter Suchbegriffe gibt es hier nicht.

Videos versenden

Videos aufzunehmen und zu versenden, funktioniert prinzipiell wie bei Fotos.

1. Halten Sie in der WhatsApp-Kamera den Auslöser länger gedrückt, um ein Video aufzuzeichnen.
2. Das Video wird als Bildfolge am oberen Bildschirmrand angezeigt. Jetzt haben Sie noch die Möglichkeit, unwichtige Teile am Anfang und Ende wegzuschneiden.

Video zuschneiden und versenden

3. Auch in Videos können Sie malen oder Emojis einfügen.
4. Sie haben zudem die Möglichkeit, das Video als Video oder als GIF zu versenden. GIFs sind wesentlich höher komprimiert, verbrauchen also weniger Datenvolumen und werden beim Empfänger wie ein Bild sofort angezeigt, können aber keinen Ton enthalten. Ein Video dagegen muss in der Standardeinstellung vom Empfänger erst (nach Möglichkeit über WLAN) heruntergeladen und dann durch Antippen gestartet werden.

> **Achtung Datenvolumen**
> Videos verbrauchen im Vergleich zu Fotos extrem viel Datenvolumen. Daher begrenzt WhatsApp die Größe eines Videos auf 16 MB, was je nach Bildqualität und Auflösung bereits nach etwa zwei Minuten erreicht sein kann.

WhatsApp-Fotos automatisch auf Google Fotos sichern

Auf jedem aktuellen Android-Smartphone ist Google Fotos installiert. Damit können Sie die WhatsApp-Fotos leicht auf jedem PC betrachten.

1. Tippen Sie in der Google-Fotos-App oben links auf das Menü und dann auf *Einstellungen/Backup & Sync/Geräteordner sichern*. Legen Sie hier den Ordner *WhatsApp Images* fest.

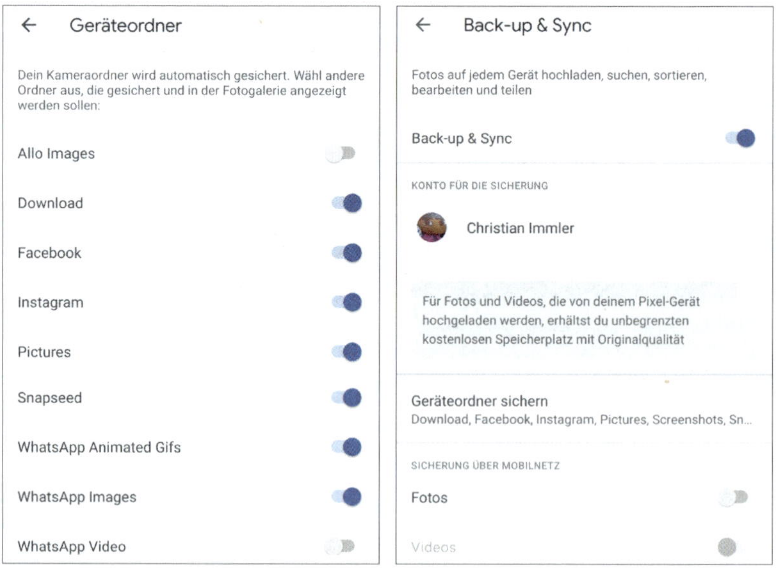

Einstellungen zur automatischen Sicherung von WhatsApp-Fotos bei Google Fotos

2. Melden Sie sich im Browser auf dem PC bei photos.google.com mit Ihrem Google-Konto an, sehen Sie außer den Fotos von der Smartphone-Kamera jetzt auch Ihre WhatsApp-Fotos.

Google speichert die Fotos nicht nach Ordnern getrennt. Deshalb erscheinen WhatsApp-Bilder und eigene Fotos alle nebeneinander.

+++ SO GEHT'S AUF DEM IPHONE +++

Standardmäßig werden alle Bilder auf dem iPhone auch in der iCloud gespeichert. Dazu muss nur in den iPhone-Einstellungen unter *Fotos* der Schalter *iCloud-Fotos* aktiviert sein. Eine Auswahlmöglichkeit, einzelne Ordner zu synchronisieren, gibt es hier nicht. In den WhatsApp-Einstellungen unter *Chats* legen Sie mit dem Schalter *In Aufnahmen speichern* fest, ob Bilder aus WhatsApp auf dem iPhone gespeichert werden sollen – und damit je nach Einstellung auch in der iCloud.

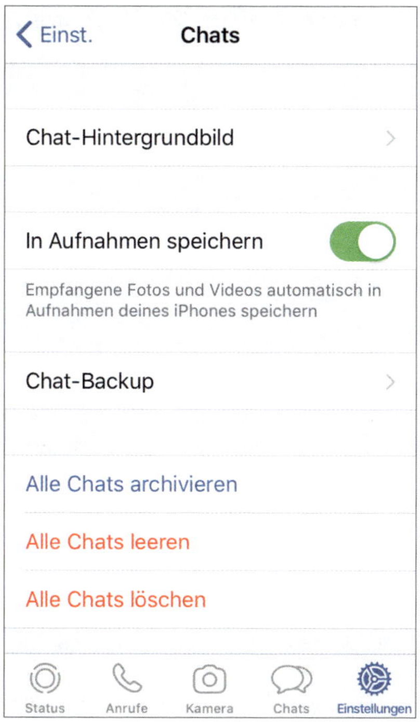

WhatsApp-Fotos auf dem PC betrachten

Möchten Sie die Fotos von WhatsApp auf dem PC nicht einzeln aus dem Browser herunterladen, sondern alle offline zur Verfügung haben, um sie auf dem Notebook auch ohne Internetverbindung zu betrachten oder mit einem Bildbearbeitungsprogramm weiterzubearbeiten, haben Sie mehrere Möglichkeiten, alle Bilder auf einmal zu übertragen:

- Nutzer von Windows 10 können die Android-App für OneDrive installieren. Tippen Sie nach der Anmeldung mit dem Microsoft-Konto auf *Ich* und dann auf *Einstellungen/Kamera Upload/Zusätzliche Ordner*. Schalten Sie hier den Ordner *WhatsApp Images* ein. Die Bilder erscheinen dann automatisch auf dem PC im Explorer unter *OneDrive\Bilder\Eigene Aufnahmen*.

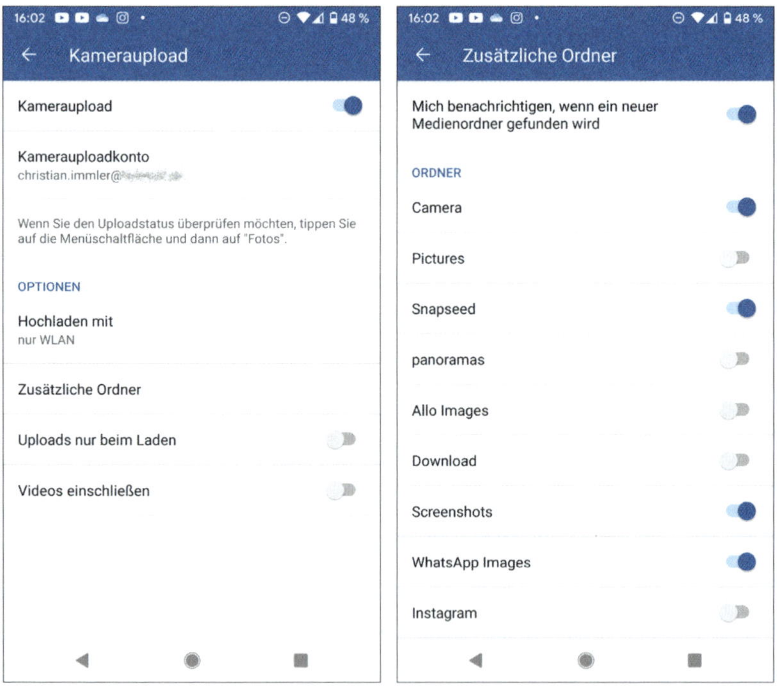

Einstellungen zur automatischen Sicherung von WhatsApp-Fotos bei OneDrive

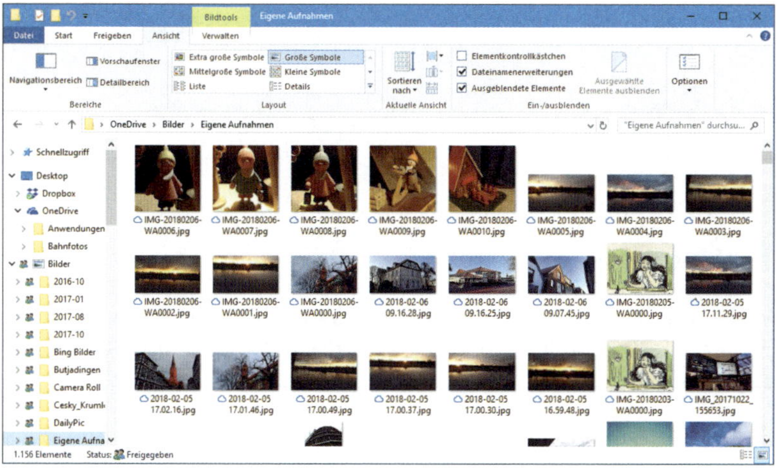

WhatsApp-Fotos über OneDrive im Explorer von Windows 10 betrachten

- Eine weitere Möglichkeit ist, das Smartphone per USB-Kabel mit dem PC zu verbinden. Dann sehen Sie den internen Gerätespeicher und die Speicherkarte als Laufwerke im Explorer. Auf dem Smartphone unter *\WhatsApp\Media* finden Sie einzelne Unterordner für Bilder, Dokumente, Profilfotos, Audios und Videos, die Sie auf den PC kopieren können. Wählen Sie beim Anschluss auf dem Smartphone die Option *Dateiübertragung*. Dann wird das Smartphone auf dem PC als USB-Laufwerk angezeigt.

+++ SO GEHT'S AUF DEM IPHONE +++

Die Fotos in iCloud können Sie im Browser auf dem PC unter www.icloud.com nach Anmeldung mit Ihrer Apple-ID sehen und herunterladen. Dort finden Sie auch ein Programm *iCloud für Windows*, um die Daten automatisch auf dem PC zu synchronisieren.

4. Andere Daten versenden

Außer Bildern können auch verschiedene andere Daten über WhatsApp versendet werden, viel einfacher und schneller als zum Beispiel per E-Mail.

Links versenden

Wer eine interessante Internetseite gefunden hat, kann diese, ohne sie sich zwischendurch merken zu müssen, aus dem Browser über WhatsApp an Freunde weiterleiten.

1. Wählen Sie im Menü des Chrome-Browsers rechts oben die Option *Teilen*. Jetzt öffnet sich die Auswahl aller im System eingetragenen Kommunikationsmethoden, die sich zum Weiterleiten oder Speichern von Internetadressen eignen.

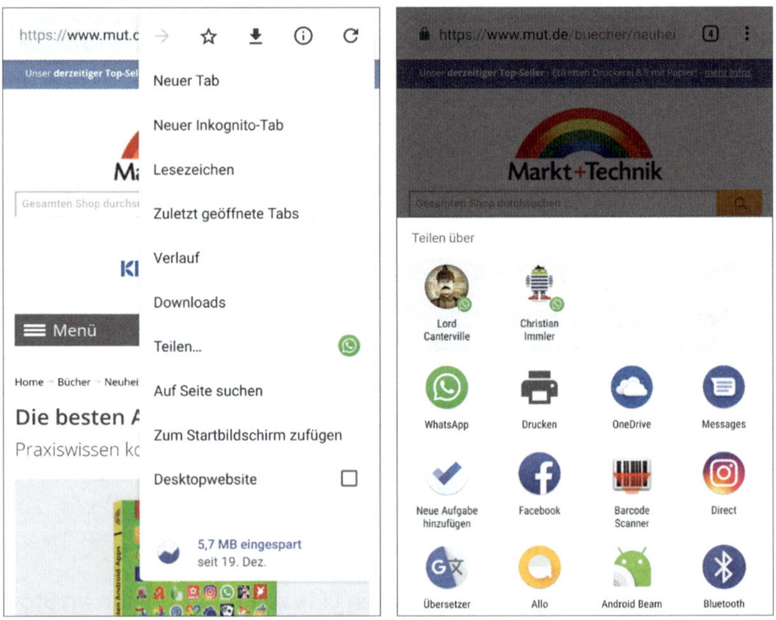

Link aus dem Browser teilen

Die zuletzt zum Teilen verwendete App wird als Symbol direkt im Menü vorgeschlagen. Tippen Sie darauf, sparen Sie sich den nächsten Auswahlbildschirm.

2. Wählen Sie hier *WhatsApp* aus und leiten Sie so den Link zur aktuellen Webseite weiter. Im nächsten Schritt wählen Sie die Personen aus, die den Link erhalten sollen.
3. Personen, mit denen Sie oft über WhatsApp chatten, werden direkt auf dem Teilen-Bildschirm als Verknüpfung angezeigt. Tippen Sie einfach darauf.
4. Jetzt können Sie noch einen Kommentar zu dem Link schreiben und ihn versenden. WhatsApp fügt automatisch eine Kurzzusammenfassung der Webseite ein, wenn die Seite diese anbietet.

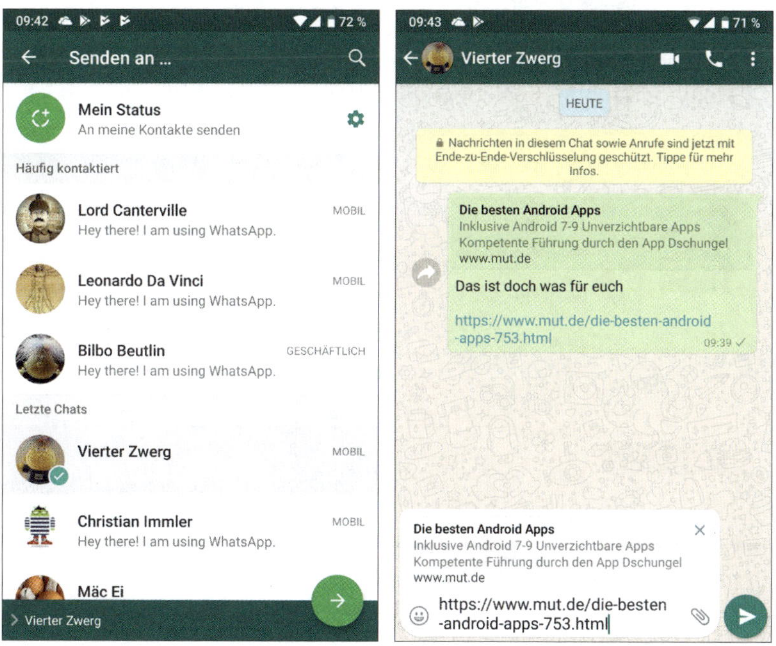

Personen auswählen und Link senden

5. Der Empfänger braucht nur auf den Link zu tippen, um ihn im Browser auf dem Smartphone zu öffnen.

+++ SO GEHT'S AUF DEM IPHONE +++

Öffnen Sie im Browser die gewünschte Webseite und tippen Sie in der Mitte unten auf das *Teilen*-Symbol. Sollte die Symbolleiste unten nicht angezeigt werden, wischen Sie nach unten. Wählen Sie dann WhatsApp aus der Liste der Apps und anschließend die Personen, die den Link erhalten sollen. WhatsApp wird dabei nicht im Vordergrund geöffnet, Sie haben aber die Möglichkeit, zusätzlich zum Link noch eine Textnachricht zu schreiben.

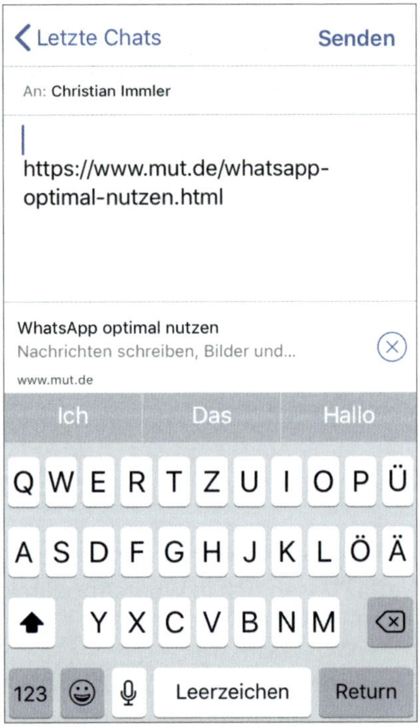

Facebook-Beiträge per WhatsApp teilen

Um einen Beitrag auf Facebook zu teilen, tippen Sie auf das *Teilen*-Symbol unterhalb des Beitrags. Anstatt den Beitrag wie gewohnt auf Facebook zu teilen, tippen Sie unten auf das WhatsApp-Symbol und wählen danach die Empfänger aus.

Facebook-Beitrag auf WhatsApp teilen

Videolinks Bild im Bild betrachten

Weitergeleitete Videos aus YouTube, Facebook, Instagram und Trailer aus Netflix lassen sich in WhatsApp direkt anzeigen, ohne die andere Webseite zu öffnen.

Tippen Sie auf das Vorschaubild des Videos in WhatsApp, öffnet sich dieses in einem frei verschiebbaren Fenster auf dem Bildschirm. Sie können während des Betrachtens weiter chatten, allerdings nur mit derselben Person. Wechseln Sie zu einem anderen WhatsApp-Chat oder in eine andere App, wird das Video beendet.

Tippen Sie auf den YouTube-Link statt auf das Vorschaubild, öffnet sich das Video in der YouTube-App. Um aus YouTube Videolinks zu teilen, tippen Sie in der YouTube-App auf das *Teilen*-Symbol in der Mitte unter dem Video und wählen dann WhatsApp.

Weitergeleitetes Video Bild im Bild in WhatsApp betrachten

Dokumente und andere Dateien versenden

Sie können auch Dokumente, die sich auf dem Smartphone befinden, per WhatsApp versenden. Dabei interpretiert WhatsApp den Begriff Dokument sehr großzügig. Neben Dokumenten im PDF- und DOC-Format können auf diesem Weg auch diverse andere Dateien versendet werden. Die maximale Größe einer übertragbaren Datei beträgt 100 MB.

1. Schreiben Sie eine Nachricht und tippen Sie unten im Texteingabefenster auf die Büroklammer.

2. Tippen Sie auf *Dokument*, um ein Dokument auszuwählen. Jetzt erscheint eine Liste von Dokumenten und anderen Dateien auf dem Smartphone. Wählen Sie hier die gewünschte Datei, um sie zu versenden.

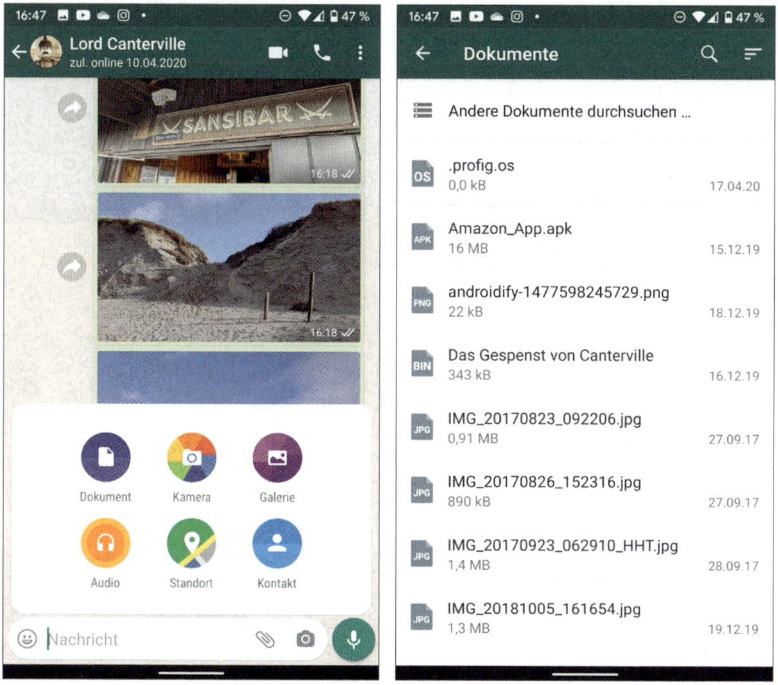

Dateien zum Versand über WhatsApp auswählen

3. Die Zeile *Andere Dokumente durchsuchen* ganz oben öffnet den Google-Drive-Dateimanager, mit dem Sie die Ordner auf dem Smartphone und der Speicherkarte sowie Ihren Cloud-Speicher Google Drive durchsuchen können, um Dateien von dort per WhatsApp zu versenden. Ist die OneDrive-App von Microsoft installiert, haben Sie an dieser Stelle auch Zugriff auf Ihr persönliches OneDrive.

Der Empfänger kann die meisten Dateiformate direkt aus WhatsApp heraus durch einfaches Antippen öffnen.

+++ SO GEHT'S AUF DEM IPHONE +++

Um Daten zu versenden, tippen Sie unten links auf das Plussymbol neben dem Texteingabefenster. Wählen Sie dann den Datentyp. Das Versenden von Musik ist nicht möglich.

Standort versenden

Um sich leicht zu verabreden, kann WhatsApp die aktuelle Position verschicken. Der Empfänger bekommt einen Kartenausschnitt mit Google-Maps-Link, in dem die Position des Absenders eingetragen ist. Damit dies wirklich zuverlässig funktioniert, muss natürlich GPS auf dem Smartphone eingeschaltet sein und WhatsApp muss Zugriff auf die Standortdienste haben.

1. Schreiben Sie eine Nachricht und tippen Sie unten im Texteingabefenster auf die Büroklammer.

2. Tippen Sie auf *Standort*, erscheint eine Karte mit Ihrer aktuellen Position.
3. Tippen Sie hier auf *Aktuellen Standort senden*, um den angezeigten Standort zu senden. Sollte dieser durch Gebäudeverschattung nicht genau stimmen, wählen Sie in der Liste darunter ein bekanntes Gebäude, in dem Sie sich befinden oder in der Nähe sind, aus.

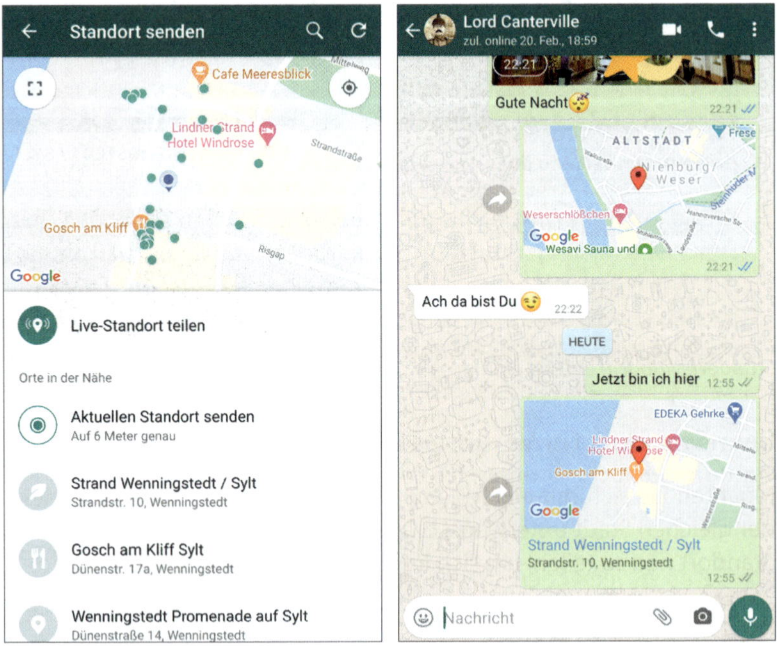

Eigenen Standort per WhatsApp senden

Standort in Fotos schreiben

WhatsApp entfernt bei der Bildkomprimierung die Standortdaten, Sie können sie aber mit einem Symbol grafisch auffällig wieder einfügen. Tippen Sie vor dem Versenden des Bildes auf das Smiley oben und fügen Sie das Symbol *Standort* ins Bild ein. Jetzt erscheint eine Liste bekannter Gebäude und öffentlicher Einrichtungen in der direkten Umgebung. Wählen Sie den gewünschten Ort aus, er wird automatisch in das Standortsymbol geschrieben. Dieses können Sie anschließend an die gewünschte Stelle im Bild schieben.

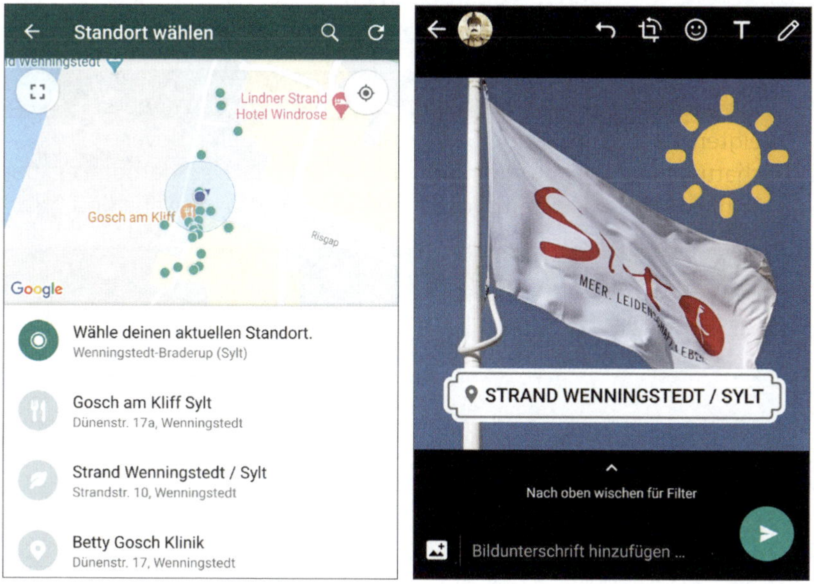

Standortsymbol in ein Bild einfügen

Live-Standort für Verabredungen

Möchten Sie sich mit einem Freund treffen und sind Sie gerade beide in der gleichen Stadt unterwegs, brauchen Sie nicht alle paar Minuten Ihren Standort neu zu teilen, um sich irgendwann zu begegnen.

1. Schreiben Sie eine Nachricht und tippen Sie unten im Texteingabefenster auf die Büroklammer.

2. Tippen Sie auf *Standort* und auf dem nächsten Bildschirm auf *Live-Standort teilen.*
3. Wählen Sie jetzt noch eine Zeit, wie lange der Standort automatisch live übermittelt werden soll, und schreiben Sie dem Empfänger noch einen kurzen Kommentar.
4. Der Empfänger bekommt einen Kartenausschnitt angezeigt. Beim Antippen des Links *Live-Standort ansehen* erscheint eine Karte, in der der aktuelle Standort des Absenders regelmäßig aktualisiert wird.
5. Der Absender kann die Übertragung des Live-Standorts jederzeit beenden.

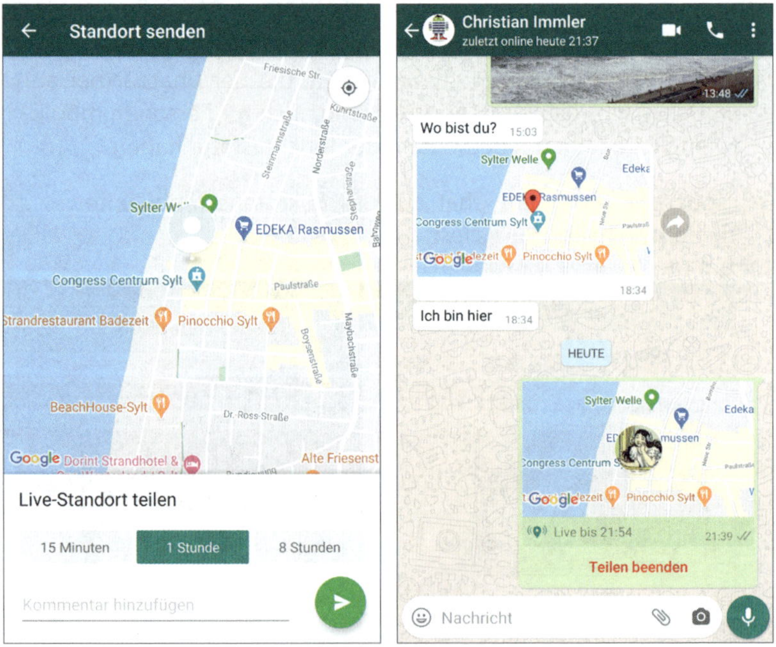

Live-Standort per WhatsApp teilen

+++ SO GEHT'S AUF DEM IPHONE +++

Die Standortdaten sind zwischen iPhone und Android austauschbar. Erhalten Sie einen Standort von einer Person, wird dieser auf dem iPhone in der Karten-App angezeigt statt auf Google Maps.

5. Sprachnachrichten und Telefonieren

WhatsApp ist längst mehr als eine Chat-App. Eine entsprechend stabile und schnelle Internetverbindung vorausgesetzt, kann WhatsApp auch zur Übertragung von Sprache und Bild in Echtzeit genutzt werden.

Sprachnachrichten aufnehmen und senden

Haben Sie gerade keine Hand zum Tippen frei? WhatsApp bietet die Möglichkeit, Sprachnachrichten zu versenden, die der Chatpartner anhören kann. Das macht die WhatsApp-Nutzung auch für Personen möglich, die Schwierigkeiten mit der Bedienung der Touchtastatur haben.

1. Tippen Sie in einem Chat auf das Mikrofonsymbol unten rechts und halten Sie es fest.

Sprachnachricht aufnehmen, absenden und empfangen

2. Sprechen Sie in das Mikrofon des Smartphones. Solange Sie das Mikrofonsymbol festhalten, wird die Sprachnachricht aufgenommen. Lassen Sie es los, wird diese automatisch gesendet, ohne dass Sie einen grünen Button wie bei Textnachrichten und Bildern antippen müssen.
3. Der Versand einer Sprachnachricht dauert, bedingt durch das Datenvolumen von etwa 1 MB pro Minute etwas länger als bei einer Textnachricht.
4. Der Empfänger findet die Sprachnachricht in seinem Chat und kann sie durch einfaches Antippen anhören. Das Symbol zeigt neben der Uhrzeit auch die Dauer der Sprachnachricht.

Sprachnachricht ohne Festhalten aufnehmen

Um das Mikrofonsymbol nicht die ganze Zeit festhalten zu müssen, schieben Sie es leicht nach oben, bis das Schloss erscheint. Jetzt können Sie frei sprechen. Um die Aufnahme zu beenden und abzuschicken, tippen Sie auf den grünen Pfeil wie bei einer Textnachricht.

Sprachnachrichten leise anhören

Immer wieder sieht man Leute, die ihr Smartphone waagerecht ans Ohr halten, was höchst unnatürlich und verkrampft wirkt. Sie wollen auf diese Weise vermeiden, dass in der Öffentlichkeit jemand ihre Sprachnachrichten mithört. Dabei geht es auch einfacher: Jedes moderne Smartphone hat einen Annäherungssensor eingebaut. Sie brauchen es nur ganz normal – wie zum Telefonieren – ans Ohr zu halten. Damit wird der Lautsprecher ausgeschaltet und die Sprachnachricht wird über den Telefonhörer abgespielt.

Sind in einem Chat mehrere Sprachnachrichten direkt hintereinander angekommen, werden diese auch automatisch hintereinander abgespielt, ohne jede einzeln antippen zu müssen. Sind in einem Chat mehrere Sprachnachrichten direkt hintereinander angekommen, werden diese auch automatisch hintereinander abgespielt, ohne jede einzeln antippen zu müssen.

Sprachaufnahme abbrechen

Möchten Sie die Aufnahme abbrechen, ohne die Sprachnachricht zu versenden, ziehen Sie das Mikrofonsymbol, ohne es loszulassen, nach links, bis ein Papierkorb erscheint. Die Sprachnachricht wird verworfen.

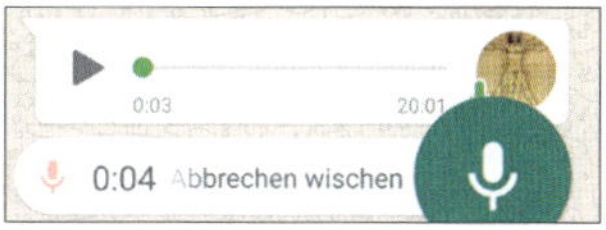

Sprachaufnahme abbrechen

Textnachrichten über Googles Spracheingabe aufzeichnen

Der Google Assistant ist eine Sprachsteuerung für Smartphones, die auf den meisten Geräten mit Android 7 Nougat oder neuer vorinstalliert ist. Mit passenden Sprachbefehlen – als komplette deutsche Sätze gesprochen – lassen sich verschiedene Alltagsaufgaben erledigen. Damit können Sie per Spracheingabe WhatsApp-Textnachrichten versenden, die der Empfänger lesen kann und nicht anzuhören braucht.

1. Tippen Sie länger auf den Kreis in der Symbolleiste am unteren Bildschirmrand einer beliebigen App. Sie brauchen WhatsApp nicht aufzurufen. Bei Gestensteuerung wischen Sie von einer der unteren Bildschirmecken in Richtung Bildschirmmitte.
2. Der Google Assistant erscheint und zeigt bei den ersten Starts einige Tipps, die Sie nicht zu beachten brauchen.
3. Sprechen Sie ins Mikrofon »WhatsApp an« und dann den Namen der Person, der Sie schreiben möchten.
4. Sind mehrere Personen mit dem gleichen Vornamen oder mehrere Telefonnummern bei einer Person gespeichert, erscheint ein Auswahlbildschirm, auf dem Sie durch Antippen oder Spracheingabe die gewünschte Person oder Nummer auswählen können.
5. Auf dem nächsten Bildschirm sprechen Sie die Nachricht ins Mikrofon. Der Google Assistant zeigt den automatisch erkannten Text an.
6. Bei einer längeren Gesprächspause fragt der Google Assistant, ob Sie die Nachricht senden oder ändern möchten. Wobei »Ändern« hier löschen und neu sprechen bedeutet.

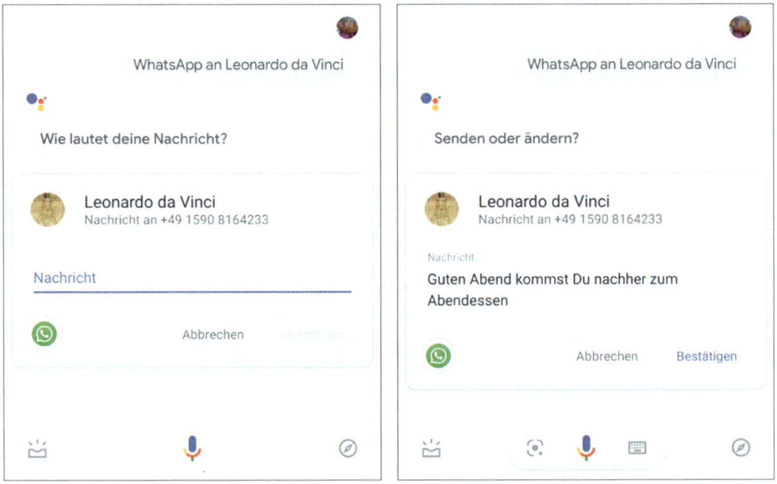

WhatsApp-Textnachricht im Google Assistant sprechen

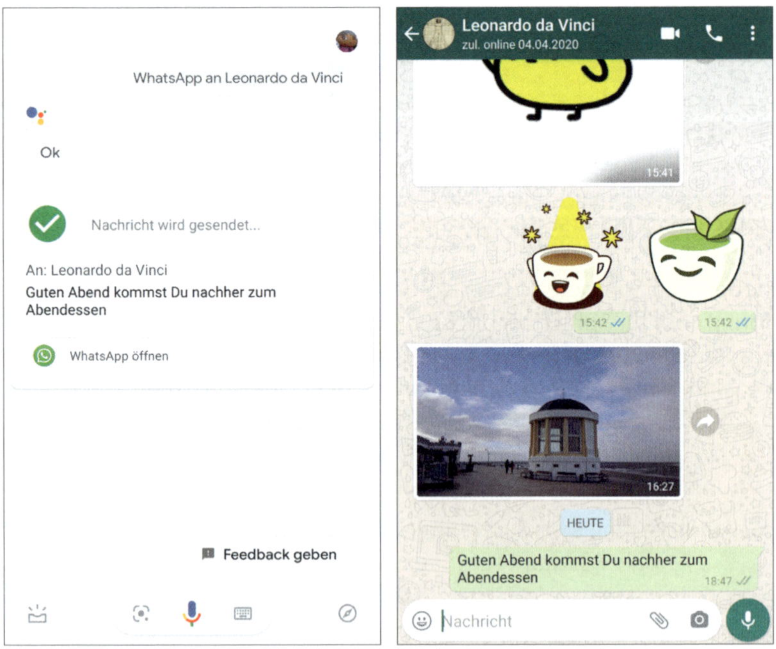

Textnachricht über Google Assistant senden und in WhatsApp anzeigen

7. Beim Senden wird die Nachricht direkt als Text gesendet, ohne WhatsApp aufzurufen. Der Empfänger erhält eine Textnachricht, keine Sprachnachricht. Um die Nachricht zu verwerfen, sagen Sie einfach »abbrechen«.
8. Da WhatsApp nicht geöffnet wird, können Sie den Google Assistant direkt danach für die nächste Aktion verwenden. Sollte nach einer längeren Pause keine Spracheingabe erkannt werden, tippen Sie auf das farbige Mikrofonsymbol in der Mitte am unteren Bildschirmrand.

Google Assistant nicht installiert

Sollte der Google Assistant auf Ihrem Smartphone nicht vorhanden sein, verwendet dieses entweder eine alte Android-Version oder der Gerätehersteller hat den Google Assistant aus irgendeinem Grund nicht vorinstalliert. Laden Sie sich in diesem Fall die App *Google Assistant* aus dem Play Store herunter.

Textnachricht in WhatsApp sprechen

Sind Sie bereits in WhatsApp, können Sie auch dort eine Textnachricht sprechen, ohne erst den Google Assistant starten zu müssen. Tippen Sie in das Texteingabefeld und dann auf das kleine Mikrofonsymbol rechts neben den Symbolen oberhalb der Tastatur – nicht auf das grüne Mikrofonsymbol für Sprachnachrichten. Jetzt können Sie Text sprechen, der automatisch in geschriebenen Text umgesetzt wird.

Textnachrichten im WhatsApp-Eingabefeld sprechen

+++ SO GEHT'S AUF DEM IPHONE +++

Das Mikrofonsymbol zum Aufnehmen einer Textnachricht befindet sich auf der Tastatur unten links neben der Leertaste.

Spracheingabe per Hey Google aktivieren

Ein Smartphone mit Android 10 oder Android 9 Pie kann auch komplett über Sprache gesteuert werden, ohne es zu berühren. Anstatt auf das Kreissymbol zu tippen, können Sie den Google Assistant auch aktivieren, indem Sie einfach »Hey Google« sagen. Diese als Voice Match bezeichnete Einstellung muss einmalig aktiviert werden.

Tippen Sie dazu in den *Einstellungen* nacheinander auf *Google/Kontodienste/Google-Suche, Google Assistant und Spracheingabe/Spracheingabe/Voice Match*.

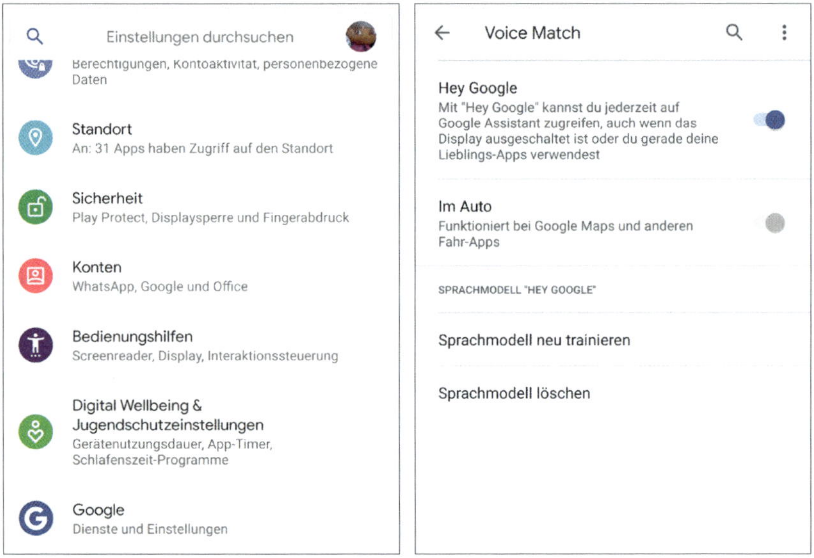

Voice Match über Hey Google in den Einstellungen aktivieren

Telefonieren per WhatsApp

Vom Festnetz ins Ausland telefonieren ist teuer, vom Handy ist es noch teurer. Mit WhatsApp können Sie kostenlos mit anderen WhatsApp-Nutzern auf der ganzen Welt telefonieren. Anrufe an klassische Telefonnummern sind allerdings nicht möglich.

WhatsApp verwendet nicht das Mobilfunk-Telefonnetz, sondern eine Internetverbindung. Das funktioniert am besten per WLAN, aber auch über UMTS oder LTE. Hier braucht man bei intensiver Nutzung allerdings eine umfangreiche Datenflatrate, da bei WhatsApp-Gesprächen pro Minute ein Datenvolumen von etwa 1 MB anfällt. Dies gilt für beide Gesprächspartner.

Datenverbrauch bei Sprachanrufen reduzieren

In den WhatsApp-Einstellungen unter *Daten- und Speichernutzung* können Sie ganz unten den Datenverbrauch bei Sprachanrufen reduzieren. Dies kann zu geringfügigen Qualitätsverlusten im Gespräch führen.

1. Haben Sie mit der Person bereits gechattet, rufen Sie sie mit dem Telefonsymbol oben in der Chatansicht an.

Anruf aus der Chatansicht

2. Die Übersicht *Anrufe* zeigt die letzten Anrufe. Hier können Sie eine Person wieder anrufen, indem Sie auf das Telefonsymbol rechts neben dem Namen tippen.
3. Um eine Person anzurufen, mit der Sie bisher weder gechattet noch telefoniert haben, tippen Sie auf den grünen Button unten rechts in der Anrufübersicht. Hier erscheint eine Liste aller WhatsApp-Kontakte. Tippen Sie auf das Telefonsymbol neben einem Namen, um die Person anzurufen.
4. Bei der angerufenen Person klingelt das Smartphone mit einem speziellen Klingelton. Auch der Anrufbildschirm zeigt deutlich, dass es sich um einen WhatsApp-Anruf handelt.
5. Mit einer Wischbewegung nach oben nehmen Sie den Anruf innerhalb von WhatsApp an oder lehnen ihn mit dem roten Telefonsymbol ab. In anderen Apps erscheint eine Benachrichtigung, in der Sie den Anruf mit der grünen Taste annehmen können.

Während des Gesprächs stehen unten drei Symbole zur Verfügung:

- Lautsprecher einschalten
- Zu Videoanruf wechseln
- Mikrofon ausschalten

Mit dem kleinen Pfeil links oben wechseln Sie zum WhatsApp-Chat, bei dem Sie während des Gesprächs auch mit anderen Personen chatten können.

+++ SO GEHT'S AUF DEM IPHONE +++

Mit dem Telefonsymbol oben in der Chatansicht rufen Sie die Person an. Um vom Anrufbildschirm in den Chat zu wechseln, tippen Sie auf den Pfeil links oben. Tippen Sie im Chat auf den grünen Balken oben, um zum Anrufbildschirm zurückzukehren.

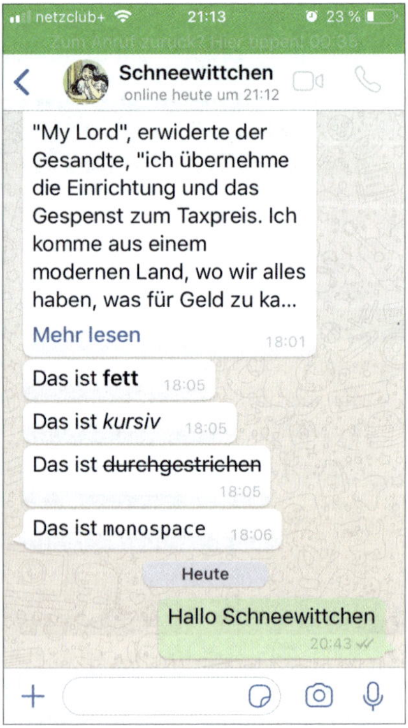

Telefonkonferenz

Telefonkonferenzen, bei WhatsApp als Gruppen-Sprachanruf bezeichnet, funktionieren genauso einfach wie normale Anrufe.

Tippen Sie während des Gesprächs mit einer Person oben rechts auf das Plussymbol, können Sie weitere Personen mit in die Gesprächsrunde einladen. Insgesamt können bis zu acht Personen an einer Konferenz teilnehmen. Mit dem roten Auflegen-Symbol kann sich jeder selbst aus der Konferenz ausklinken. Die anderen telefonieren weiter. Eine andere Person herauszuwerfen, ist nicht möglich.

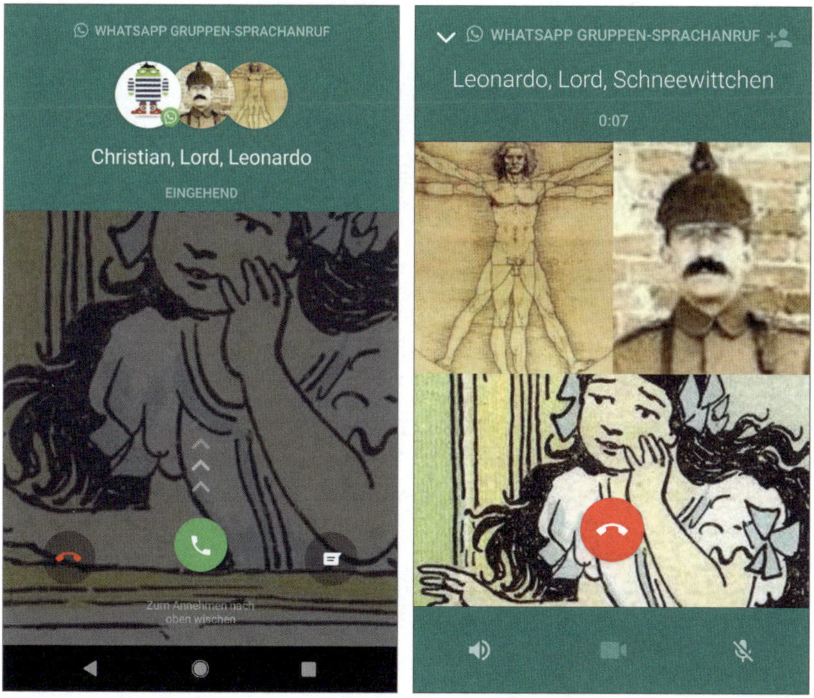

Gruppen-Sprachanruf über WhatsApp

Sprach-Gruppenanrufe erscheinen in der Anrufliste wie einfache Sprachanrufe. Es werden alle Namen und die Profilbilder angezeigt. Haben Sie einmal eine Gruppe angerufen, können Sie dieselben Personen leicht wieder anrufen und dabei vorher auswählen, wenn Sie einzelne Personen diesmal nicht in die Konferenz einladen möchten. Markieren Sie dazu vor dem Anruf die Personen auf dem Auswahlbildschirm.

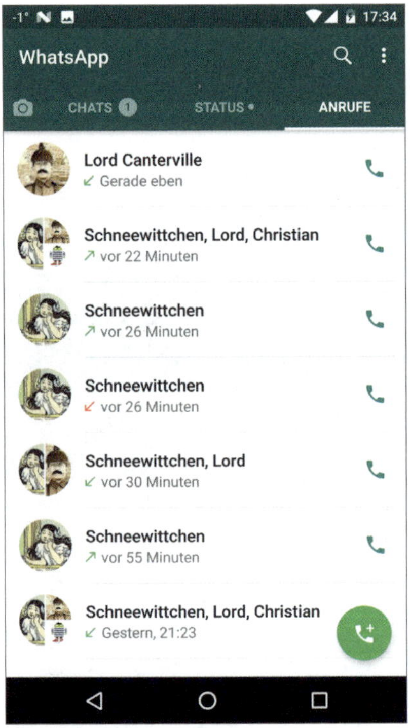

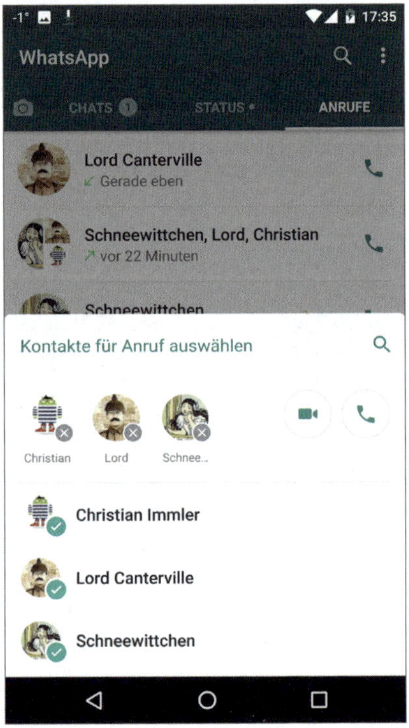

Anrufliste mit Gruppen-Sprachanrufen, rechts: Anruf wiederholen und Personen auswählen

Verpasste Anrufe

Verpasste WhatsApp-Anrufe werden ähnlich wie Telefonanrufe auf dem Sperrbildschirm und in der Benachrichtigungsleiste angezeigt. Aus der Benachrichtigung heraus können Sie zurückrufen oder der Person eine Textnachricht schreiben.

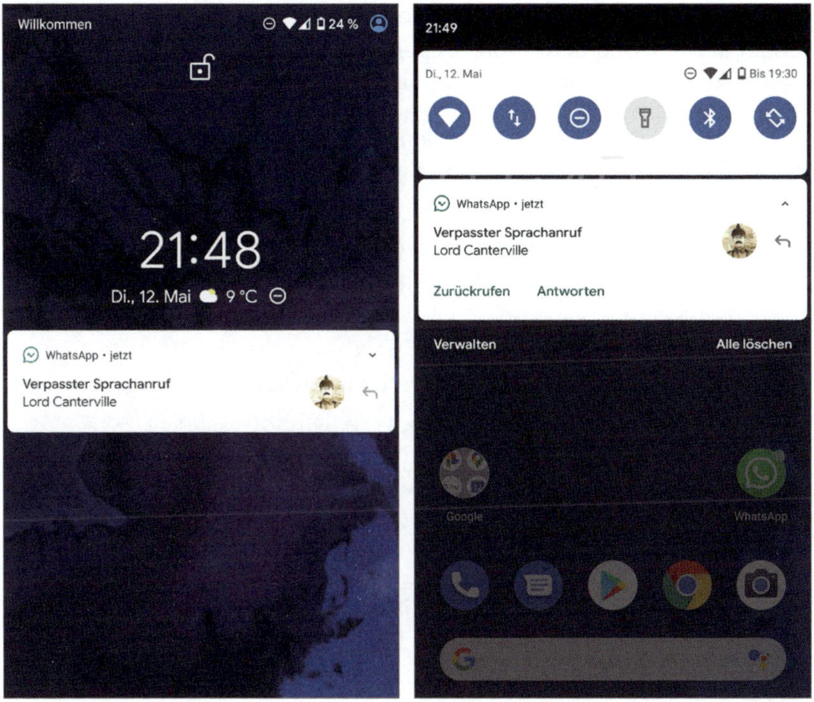

Verpasste WhatsApp-Anrufe

+++ SO GEHT'S AUF DEM IPHONE +++

Benachrichtigungen über verpasste Anrufe erscheinen auf dem Sperrbildschirm, in der Chatübersicht sowie der Anrufübersicht und auf dem WhatsApp-Symbol auf dem Startbildschirm. Eine Benachrichtigungs-LED gibt es nicht. Anrufer direkt aus der Benachrichtigung zurückzurufen, ist nicht möglich. Beim Antippen öffnet sich WhatsApp.

Anruf mit Textnachricht beantworten

Das Smartphone klingelt oft in unpassenden Momenten. Wenn man gerade in einer Konferenz ist oder beim Essen sitzt, möchte man nicht gestört werden, den Anrufer aber auch nicht einfach »wegdrücken«. WhatsApp bietet hier ähnlich wie die Telefon-App auf dem Smartphone Kurzantworten an, die mit wenigen Fingerstrichen als Textnachricht an einen Anrufer geschickt werden können.

1. Ziehen Sie bei einem eingehenden Anruf das Nachrichtensymbol rechts nach oben. Es erscheint eine Liste mit vordefinierten Standardantworten.
2. Wählen Sie die gewünschte Antwort aus und sie wird direkt gesendet.
3. Über *Eigene Antwort schreiben* öffnen Sie WhatsApp, um eine eigene Textnachricht zu schreiben.

+++ SO GEHT'S AUF DEM IPHONE +++

Tippen Sie bei eingehendem Anruf auf das Symbol *Nachricht*.

Videoanrufe

Videoanrufe funktionieren in WhatsApp fast genauso wie Telefonanrufe. Tippen Sie auf das Videokamerasymbol statt auf das Telefonsymbol, um eine Person anzurufen.

Videoanrufe benötigen eine deutlich größere Bandbreite der Internetverbindung und verbrauchen etwa 5 MB Datenvolumen pro Minute.

- Tippen Sie mitten auf den Bildschirm, um die Symbole einzublenden.
- Das Kamerasymbol links schaltet zwischen Frontkamera und Hauptkamera um.
- Das Symbol in der Mitte schaltet die Kamera aus und wechselt zum Sprachanruf.
- Das Mikrofonsymbol rechts schaltet das Mikrofon stumm.
- Tippen Sie auf das kleine Bild, um Ihr eigenes Kamerabild als Vollbild anzuzeigen, das des Gesprächspartners klein.
- Das rote Telefonsymbol trennt die Verbindung.
- Der Pfeil oben links wechselt zur Chatansicht.

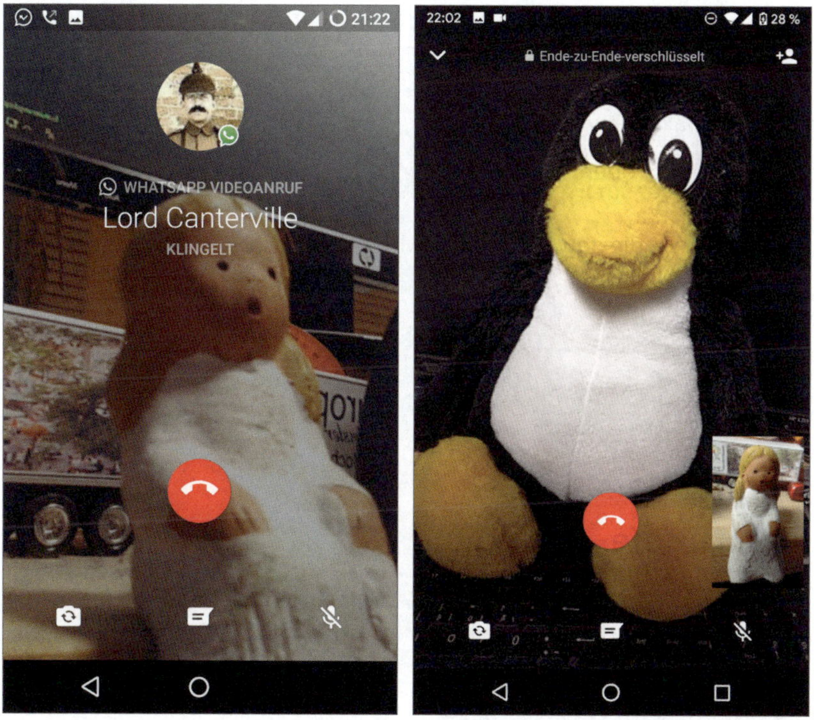

Beim Anruf erscheint das eigene Bild als Vollbild, während des Gesprächs das Bild des Gesprächspartners

Videokonferenz

In gleicher Weise wie bei Sprachanrufen können Sie auch bei Videoanrufen mit dem Symbol rechts oben weitere Personen hinzufügen. Auf dem Bildschirm erscheinen statt der Profilbilder die Videobilder der am Gespräch teilnehmenden Personen.

6. WhatsApp-Kontakte

In der Kontaktliste von WhatsApp erscheinen außer den direkt in WhatsApp gespeicherten Kontakten auch automatisch alle Kontakte aus dem Adressbuch des Smartphones bzw. des angemeldeten Google-Kontos, die WhatsApp benutzen.

Informationen zu Kontakten

In den Chat- und Anrufübersichten erscheinen nur Profilbilder und Namen der Kontakte. Tippen Sie in einem Chat oben auf den Balken mit dem Namen einer Person, erscheint eine Seite mit Kontaktdetails und dem Profilbild in voller Größe.

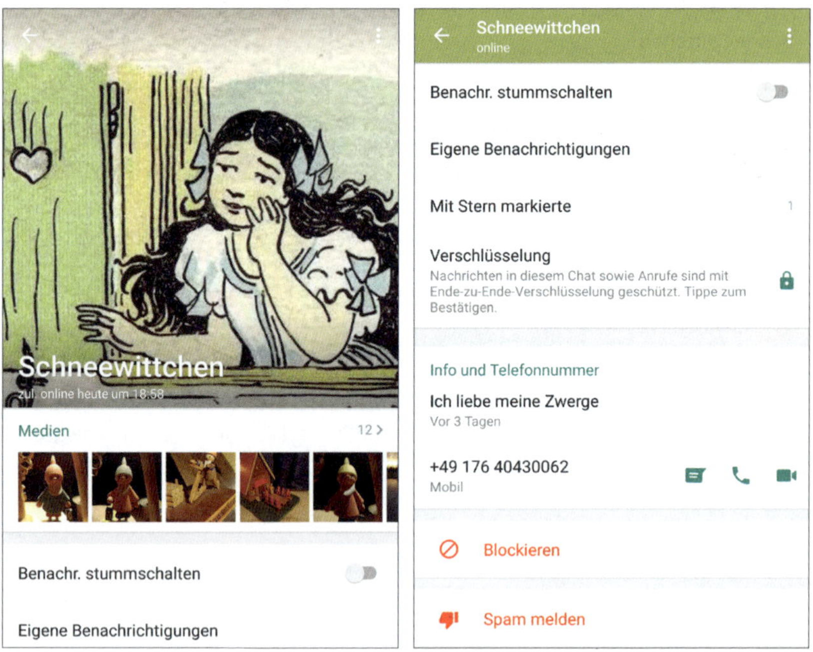

Kontaktdetails einer Person

Wischen Sie auf dieser Seite ganz nach unten, sehen Sie die persönliche Info, die die Person eingegeben hat, sowie die Handynummer, auf die WhatsApp registriert ist. Hat eine Person keine persönliche Info, steht hier der Standardtext *Hey there! I am using WhatsApp*.

+++ SO GEHT'S AUF DEM IPHONE +++

Die Kontaktseite einer Person zeigt einige Optionen, die unter Android im Menü liegen. Die Vorschaubilder der letzten Medien fehlen auf dem iPhone. Die Medienübersicht finden Sie bei *Medien, Links und Doks*.

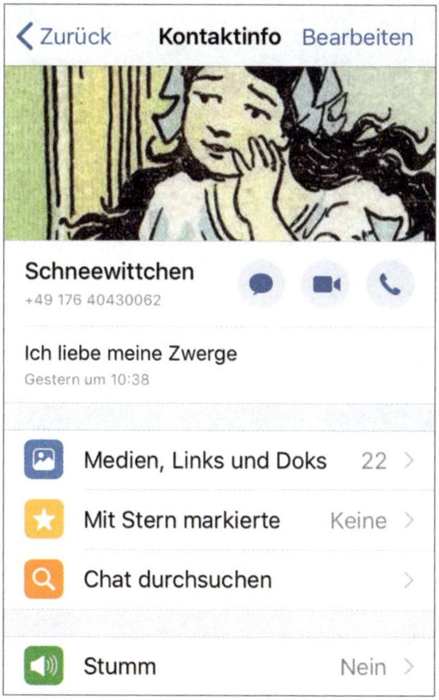

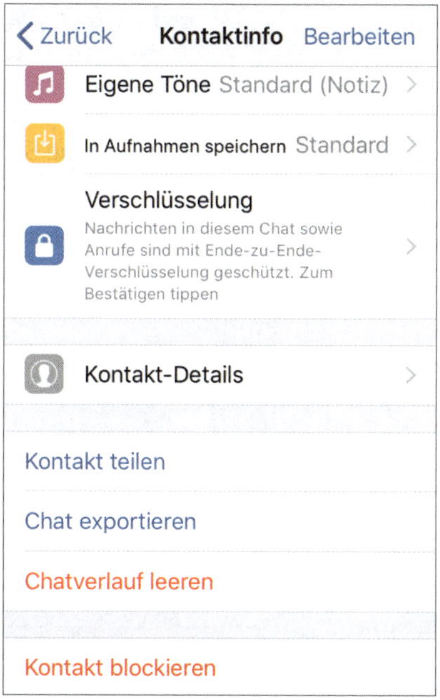

Medienübersicht

Die Medienübersicht auf der Seite mit den Kontaktdetails zeigt alle Medien, Fotos und Videos, die Sie mit dieser Person ausgetauscht haben, unabhängig davon, ob Sie sie gesendet oder empfangen haben.

Tippen Sie auf die Zahl rechts oberhalb der Vorschaubilder, erscheint die Medienübersicht auf dem ganzen Bildschirm. Tippen Sie auf ein Bild, wird dieses als Vollbild angezeigt. Mit dem Pfeil rechts oben können Sie das Bild direkt an andere Personen weiterleiten.

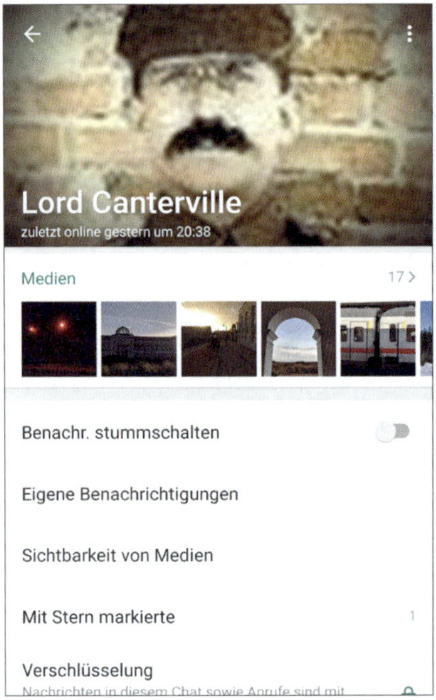

Bilder in der Medienübersicht

Lästige Witzbilder aus der Galerie verbannen

Manche Menschen schicken im Minutentakt WhatsApp-Nachrichten. Meist handelt es sich dabei um mehr oder weniger geistreiche Bilder, die einfach nur weitergeleitet werden. Möchten Sie in Ihrer eigenen Fotogalerie auf dem Smartphone nicht, dass persönliche Bilder vor lauter weitergeleitetem Unsinn völlig untergehen, tippen Sie auf der Profilseite der betreffenden Person auf die Zeile *Sichtbarkeit von Medien*. Hier können Sie festlegen, dass Medien dieser Person nicht mehr in der Galerie angezeigt werden. Im Chat sehen Sie die Bilder weiterhin.

Lästige Personen stummschalten

Haben Sie so eine lästige Person in Ihren WhatsApp-Kontakten und möchten an der Konversation zwar teilhaben, aber nicht über jede neue Nachricht lautstark benachrichtigt werden, schalten Sie diese Person zumindest eine Zeit lang auf stumm.

Wenn Sie den Schalter *Benachr. stummschalten* in den Kontaktdetails dieser Person aktivieren, legen Sie als Nächstes fest, wie lange diese Stummschaltung gelten soll. Außerdem können Sie wählen, ob die Benachrichtigungen in der Benachrichtigungszeile weiterhin angezeigt oder auch unterdrückt werden sollen. In der Chatübersicht sehen Sie weiterhin neu eingegangene Nachrichten dieser Person. Zusätzlich wird ein durchgestrichener Lautsprecher bei der Person angezeigt.

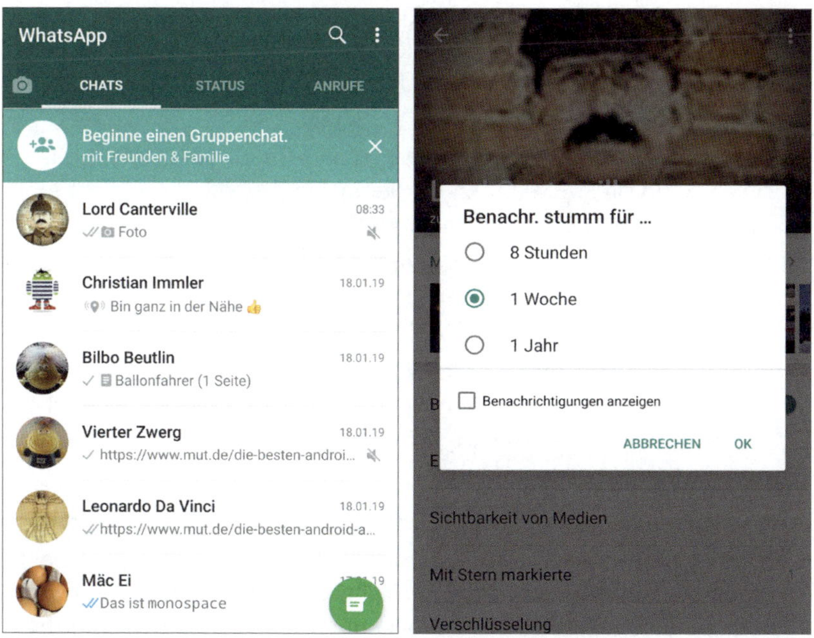

Benachrichtigungen einer oder mehrerer Personen stummschalten

Sie können auch mehrere Personen auf einmal stummschalten. Tippen Sie dazu in der Chatübersicht länger auf eine Person, bis die Symbolleiste am oberen Bildschirmrand erscheint. Markieren Sie jetzt weitere Personen durch Antippen und tippen dann auf das Symbol mit dem durchgestrichenen Lautsprecher. Alle markierten Personen werden stummgeschaltet. Auch hier können Sie festlegen, wie lange diese Stummschaltung gelten soll.

Kontakte blockieren

Niemand muss sich von einer anderen Person beschimpfen, beleidigen oder bedrohen lassen. Sollte dies doch vorkommen, hat WhatsApp vorgesorgt.

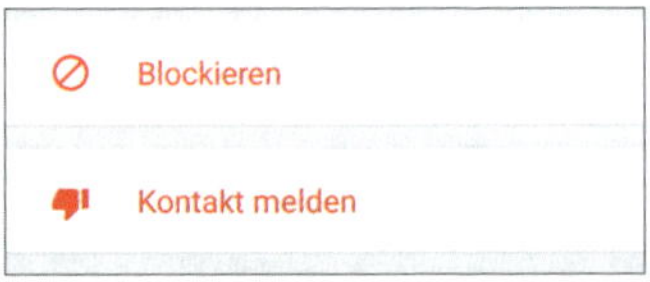

Personen blockieren oder melden

- Ganz unten auf der Seite mit den Kontaktdetails einer Person finden Sie ein Symbol *Blockieren*. Damit blockieren Sie diese Person, sie kann Ihnen keine Nachrichten mehr schicken und Sie auch nicht anrufen.
- Wenn Sie die Person nur aus den Kontakten auf dem Smartphone löschen, kann sie Sie weiter kontaktieren. Sie wird dann nur nicht mehr mit Namen, sondern nur noch mit der Telefonnummer angezeigt.
- In den WhatsApp-Einstellungen unter *Account/Datenschutz* finden Sie eine Liste der blockierten Kontakte. Hier können Sie einzelne Personen später wieder freigeben.
- In besonders schlimmen Fällen können Sie eine Person unten in den Kontaktdetails als Spam oder gefährlich melden. WhatsApp wird der Sache nachgehen, was dazu führen kann, dass diese Person von WhatsApp ausgeschlossen wird.

Wurde ich blockiert?

WhatsApp zeigt nicht direkt an, wenn man von einer anderen Person blockiert wurde. Ein deutlicher Hinweis darauf ist, dass eigene Nachrichten nicht zugestellt werden. Man sieht also nur ein Häkchen bei den Nachrichten.

Kontakte versenden

Wenn Sie nach der Telefonnummer oder Adresse eines Freundes gefragt werden, können Sie diese natürlich als Textnachricht in WhatsApp eintippen. Wesentlich komfortabler ist es aber, direkt die Kontaktdaten zu versenden, damit der Empfänger diese in sein Adressbuch übernehmen kann.

1. Tippen Sie im Chat unten auf die Büroklammer und wählen Sie *Kontakt*, um Kontakte zu versenden.
2. Wählen Sie jetzt in der Liste die Kontakte aus, die Sie versenden möchten, und tippen Sie danach auf den grünen Pfeil rechts unten.
3. Jetzt haben Sie bei jedem Kontakt die Möglichkeit auszuwählen, welche Informationen Sie weitergeben möchten und welche nicht. Je nachdem, was Sie gespeichert haben, können außer der Telefonnummer noch die E-Mail-Adresse, Anschrift sowie das Geburtsdatum in den Kontaktdetails stehen.
4. Senden Sie anschließend die Kontakte ab. Der Empfänger bekommt eine spezielle Nachricht, die er durch Antippen öffnen kann.

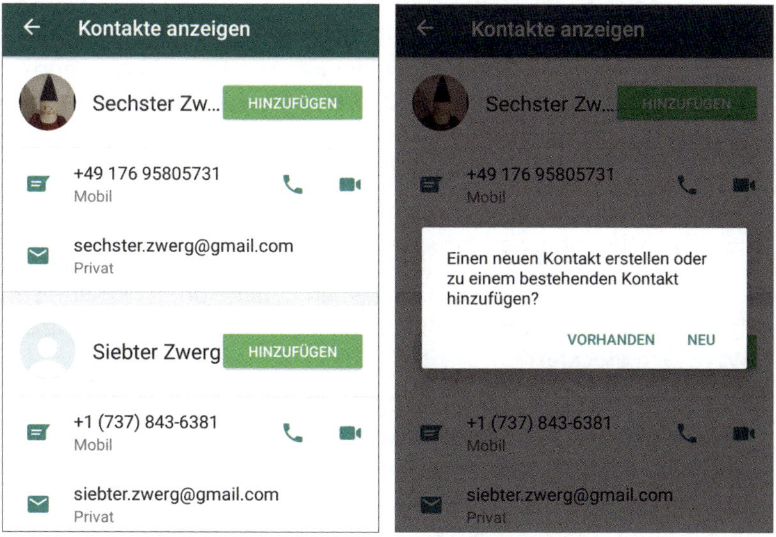

Empfangene Kontaktdaten ins Adressbuch übernehmen

5. Hier sind alle übertragenen Kontaktdetails zu sehen. Mit den *Hinzufügen*-Buttons können die Personen ins Adressbuch übernommen werden. Dabei können Sie auch hier noch wählen, welche der übertragenen Kontaktdetails Sie speichern wollen.
6. Beim Hinzufügen entscheiden Sie für jeden Kontakt einzeln, ob Sie einen neuen Kontakt im Adressbuch anlegen möchten oder die übertragenen Daten einem vorhandenen Kontakt hinzufügen, weil Sie zum Beispiel bei einer Person bisher nur die Festnetznummer gespeichert haben und jetzt auch eine Mobilnummer bekommen haben.

+++ SO GEHT'S AUF DEM IPHONE +++

Über das Plussymbol unten links in einem Chat können Sie auch Kontakte versenden. Möchten Sie auswählen, welche Informationen der Kontakte gesendet werden sollen, senden Sie die Kontakte einzeln. Bei mehreren Kontakten auf einmal gibt es keine Möglichkeit, einzelne Kontaktinformationen auszuschalten.

Freund in Adressbuch übernehmen

Personen, die nicht im Adressbuch stehen, können Sie über WhatsApp kontaktieren, wenn sie Ihre Handynummer kennen. Diese Personen werden dann in Chats auch nur mit der Mobilnummer angezeigt. Übernehmen Sie sie ins Adressbuch, um sie zukünftig mit Namen angezeigt zu bekommen.

1. Im Chat mit einer unbekannten Person erscheinen Symbole, um diese Person zu blockieren, falls es nur Spam ist, oder zum Adressbuch hinzuzufügen. Tippen Sie auf *Hinzufügen*.
2. Jetzt erscheint eine Frage, ob Sie einen neuen Kontakt im Adressbuch anlegen möchten oder die übertragenen Daten einem vorhandenen Kontakt zuordnen.
3. Nachdem Sie dies ausgewählt haben, erscheint ein Kontaktformular der Kontakte-App, in dem die Handynummer bereits eingetragen ist. Bei einem neuen Kontakt müssen Sie zumindest noch einen Namen und bei Bedarf auch weitere Daten hinzufügen und diesen Kontakt anschließend speichern. Haben Sie einen vorhandenen Kontakt ausgewählt, wird die zusätzliche Handynummer eingetragen.

4. Danach erscheint die Person im Chat mit dem Namen und nicht mehr nur mit der Handynummer.

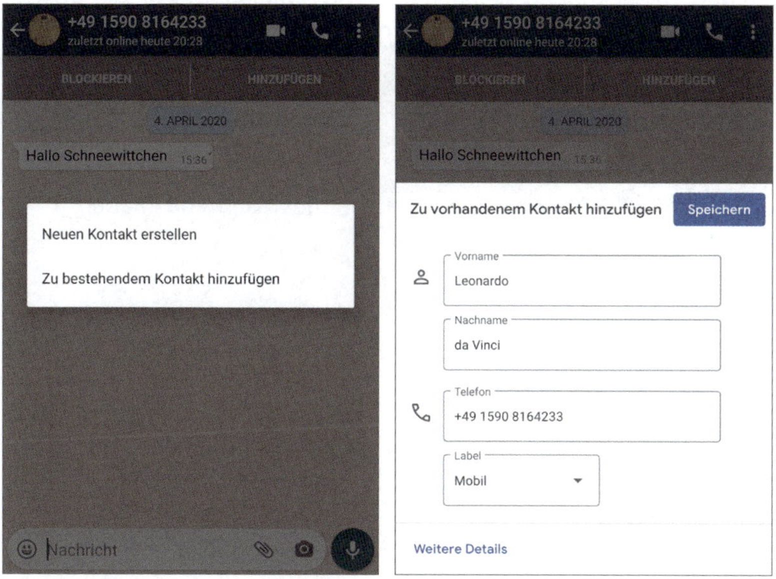

Neue Nummer aus WhatsApp einem Kontakt im Adressbuch hinzufügen

+++ SO GEHT'S AUF DEM IPHONE +++

Sind auf dem iPhone bereits Konversationen mit dieser Nummer gespeichert, können Sie sich im Chat Kontaktkarten ansehen, auf denen Sie die Person möglicherweise wiedererkennen. Tippen Sie oben auf den Balken mit der Telefonnummer, um einen Kontakt zu erstellen oder diese Person zu blockieren.

Lieblingsfreunde auf dem Startbildschirm

Freunde, mit denen Sie besonders häufig chatten, können Sie direkt als Symbol auf den Startbildschirm legen. Sie sparen sich dann, erst WhatsApp aufzurufen und die Person zu suchen. Tippen Sie im Chat mit dieser Person oben rechts auf das Menü mit den drei Punkten. Wählen Sie *Mehr/*

Verknüpfung hinzufügen. Auf dem Startbildschirm erscheinen nun Profilbild und Name dieser Person. Tippen Sie darauf, kommen Sie direkt in den Chat.

WhatsApp-Kontakt auf dem Startbildschirm verknüpfen

+++ SO GEHT'S AUF DEM IPHONE +++

Diese Funktion ist auf dem iPhone nicht verfügbar.

App-Shortcuts auf dem Startbildschirm

Android bietet seit der Version Android 8 Oreo sogenannte App-Shortcuts, wenn Sie ein App-Symbol auf dem Startbildschirm länger antippen. WhatsApp zeigt als App-Shortcuts häufig kontaktierte Personen sowie aktuelle Benachrichtigungen über verpasste Anrufe und Nachrichten an. Tippen Sie den Namen an, öffnet sich der entsprechende Chat in WhatsApp. Ziehen Sie einen solchen App-Shortcut auf den Start-

> bildschirm, können Sie die Person immer schnell erreichen. Die Wirkung ist die gleiche wie bei einer Verknüpfung aus WhatsApp.

Freunde zu WhatsApp einladen

Es soll immer noch Leute geben, die WhatsApp nicht kennen. WhatsApp liefert einen Standardtext, mit dem Sie Ihre Freunde per E-Mail, SMS oder über soziale Netzwerke zu WhatsApp einladen können. Dieser enthält einen allgemein gehaltenen Downloadlink, der für alle Plattformen funktioniert.

1. Tippen Sie in der Hauptansicht von WhatsApp auf das Symbol für eine neue Nachricht.
2. Wenn Sie die Person, der Sie schreiben möchten, in der Kontaktliste nicht finden, nutzt sie bis jetzt kein WhatsApp. Tippen Sie auf das Menü mit den drei Punkten und wählen Sie *Freunde einladen*.
3. Wählen Sie die App, über die Sie jemanden einladen möchten.
4. Der Einladungstext ist bereits eingefügt. Sie brauchen nur noch den Empfänger einzutragen.

+++ SO GEHT'S AUF DEM IPHONE +++

Ganz unten in der Kontaktliste von WhatsApp finden Sie eine Zeile zum Einladen von Freunden per E-Mail oder SMS.

Telefonnummern im internationalen Format richtig eintragen

Tragen Sie beim Anlegen von Kontakten alle Telefonnummern im internationalen Format ein, dann funktionieren sie auch beim Roaming problemlos. Im internationalen Format beginnen Nummern mit einem Pluszeichen und der Ländervorwahl, danach folgt die Orts- oder Mobilfunkvorwahl ohne die führende 0. Die Ländervorwahl für Deutschland lautet 49. Zum Beispiel wird die deutsche Mobilfunknummer *0172 12345678* im internationalen Format als *+49 172 12345678* geschrieben.

7. Eigenes Profil

Das WhatsApp-Profil, das Ihre Kontakte zu sehen bekommen, können Sie jederzeit ändern. Manche Nutzer machen das täglich, manche nie. Tippen Sie in der Hauptansicht von WhatsApp auf das Menü mit den drei Punkten, wählen Sie *Einstellungen* und tippen Sie dann auf Ihr Profilbild.

Profilbild ändern

Für die meisten Nutzer ist das Profilbild das wichtigste Element des eigenen Profils. Ändern Sie dieses nach Lust und Laune, nach Tagesstimmung oder Jahreszeit.

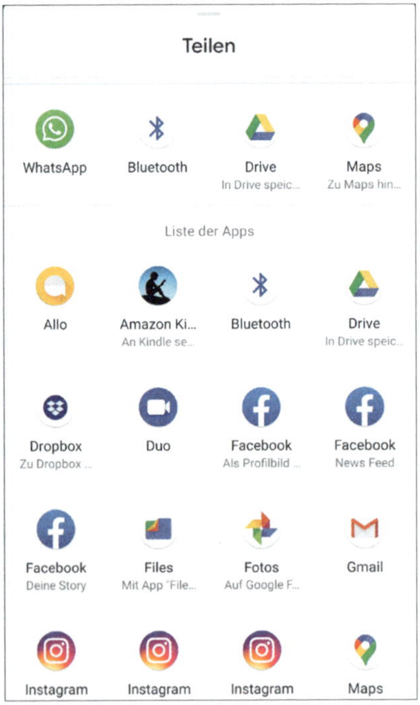

Profilbild in Galerie speichern

1. Beim Ändern des Profilbildes geht das alte verloren. Tippen Sie in der Profilansicht auf das Profilbild, wird es in voller Größe angezeigt. Tippen Sie jetzt oben rechts auf das *Teilen*-Symbol und wählen Sie *In Galerie speichern* oder *Auf Google Fotos speichern*.
2. Nachdem das alte Profilbild gesichert ist, können Sie es gefahrlos ändern. Tippen Sie dazu in der Profilansicht auf das Kamerasymbol. Jetzt können Sie ein Bild aus der Galerie auswählen, mit der Kamera ein neues Foto aufnehmen oder das vorhandene Profilbild einfach nur löschen.
3. Haben Sie ein Bild per WhatsApp erhalten und möchten Sie dieses als Profilbild verwenden, brauchen Sie es nicht erst in der Galerie zu speichern. Tippen Sie in der Fotoansicht oben rechts auf das Menü und wählen Sie *Festlegen als/Mein Profilbild*.

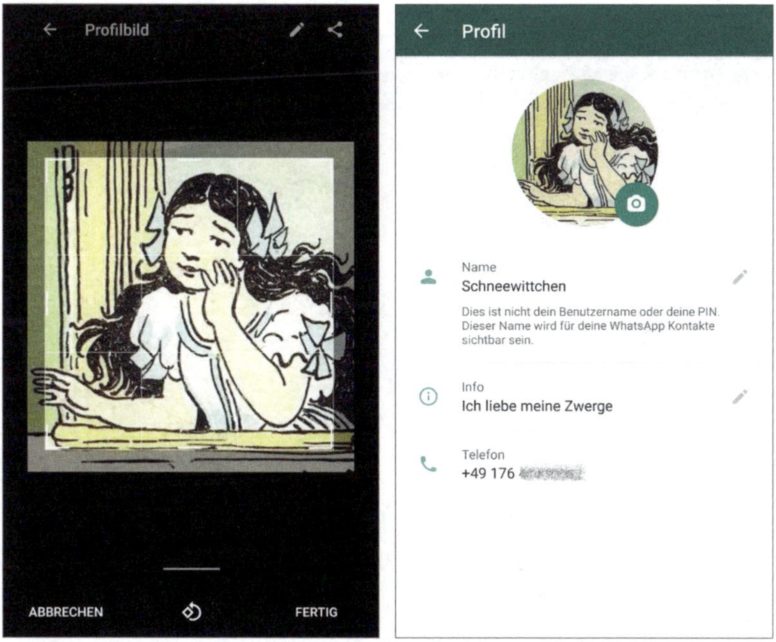

Bild zuschneiden und als neues Profilbild festlegen

4. Egal, auf welchem Weg Sie das Bild ausgewählt haben, markieren Sie jetzt einen quadratischen Ausschnitt im Foto, der als Profilbild verwen-

det werden soll. Ziehen Sie dazu das angezeigte Rasterquadrat an den Ecken oder verschieben Sie es im Ganzen auf dem Bild. Das Symbol unten in der Mitte dreht das Bild in 90°-Schritten.

5. Tippen Sie auf *Fertig*, um Ihr neues Profilbild im Profil zu speichern. Ihre WhatsApp-Kontakte bekommen es ab sofort zu sehen.

+++ SO GEHT'S AUF DEM IPHONE +++

Beim Zuschneiden des Profilbildes wird ein runder statt quadratischer Ausschnitt angezeigt. Da das eigene Profilbild bei den Chatpartnern aber quadratisch angezeigt wird, achten Sie trotzdem darauf, was in den abgeschnittenen Randbereichen des Fotos zu sehen ist. Die direkte Übernahme von Bildern aus der Fotos-App ist nicht möglich. Wählen Sie das Profilbild immer in WhatsApp aus.

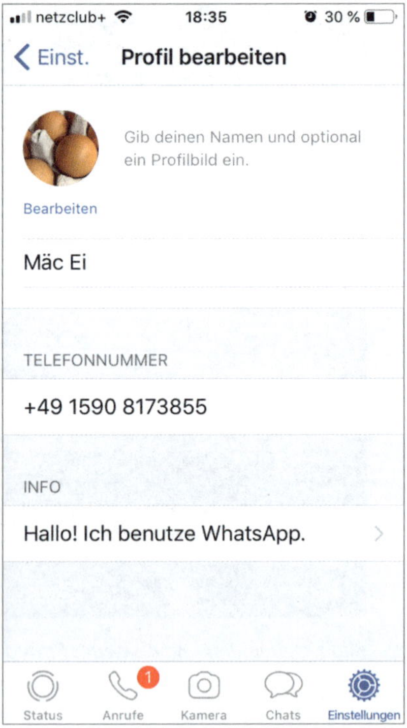

Persönliche Info

Die persönliche Info ist eine Textzeile, die in der Kontaktliste bei Ihren Freunden auftaucht. Standardmäßig steht hier *Hey there! I am using WhatsApp* oder *Hallo! Ich benutze WhatsApp*. Sie können aber auch einen persönlichen Text schreiben. Tippen Sie in der Profilansicht unter *Info und Telefonnummer* auf den Infotext. Hier können Sie einen vorgefertigten Text auswählen oder selbst etwas schreiben. Die letzten verwendeten Texte werden ebenfalls zur Auswahl angeboten.

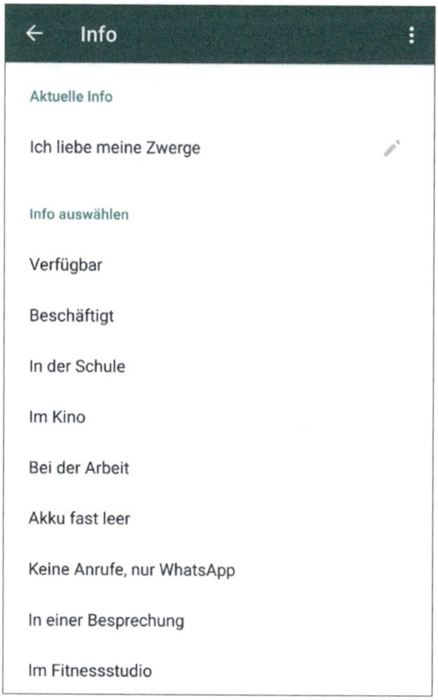

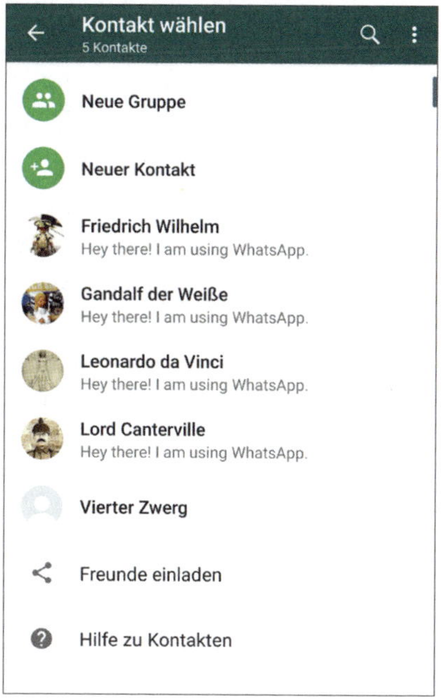

Links: eigene Info schreiben, rechts: Infos in der Kontaktliste

Eigenen Namen ändern

Sie können im Profil auch jederzeit den eigenen Namen ändern. Tippen Sie dazu auf das Stiftsymbol neben dem Namen. Der hier angezeigte Name wird nur den eigenen Kontakten angezeigt, die Ihre Kontaktdaten noch nicht im Adressbuch gespeichert haben. Hat eine Person Sie bereits im Adressbuch unter einem bestimmten Namen stehen, ändert sich dieser nicht, wenn Sie in Ihrem eigenen Profil den Namen ändern.

Flüchtiger Status mit Bild oder Video

Möchten Sie Ihre Freunde auf dem Laufenden halten, was Sie gerade tun, senden Sie ein Foto als Status. Dieses ist für Ihre Freunde 24 Stunden lang sichtbar und verschwindet danach automatisch.

1. Tippen Sie auf dem Hauptbildschirm von WhatsApp oben auf die Seite *Status*. Hier sehen Sie alle Statusmeldungen Ihrer Freunde. Bei neuen Statusmeldungen ertönt standardmäßig keine Benachrichtigung. Neben dem Wort *Status* erscheint ein Punkt, der auf neue Statusmeldungen hinweist.
2. Tippen Sie unten rechts auf das grüne Kamerasymbol, um ein Foto aufzunehmen oder aus der Galerie auszuwählen, das als Status verwendet werden soll.

3. Auch hier haben Sie die Möglichkeit, das Bild durch Filter, Emojis oder Texte zu gestalten.
4. Der grüne Pfeil sendet den Status an alle Freunde, die im Adressbuch stehen. Personen, die Sie nur über ihre Handynummer kontaktieren, erhalten den Status nicht.

5. Auf diese Weise können Sie mehrere Bilder oder Videos in den Status senden. Diese werden bei Freunden nacheinander angezeigt. Jedes einzelne Element des Status verschwindet 24 Stunden, nachdem es gesendet wurde.
6. Tippen Sie auf der Seite *Status* auf Ihren eigenen Status, können Sie diesen innerhalb der Zeit von 24 Stunden jederzeit sehen. Tippen Sie im Status auf das Auge, erfahren Sie, wer Ihren Status bereits gesehen hat.
7. Tippen Sie in dieser Anzeige auf das Papierkorbsymbol, wird der eigene Status gelöscht und bei Ihren Freunden nicht mehr angezeigt.
8. Wischen Sie in der Statusanzeige eines Freundes vom unteren Bildschirmrand nach oben, können Sie direkt auf den Status mit einer Textnachricht antworten. Der Status wird als Zitat in die Nachricht eingefügt.

Wer darf den Status sehen?

Tippen Sie auf der Seite *Status* oben rechts auf das Menü und wählen Sie *Status-Datenschutz*. Hier können Sie festlegen, ob alle Kontakte, alle Kontakte außer bestimmten Personen oder nur bestimmte Personen Ihre Statusmeldungen sehen sollen.

+++ SO GEHT'S AUF DEM IPHONE +++

Die Seite *Status* hat kein Menü. Die Auswahl, wer den eigenen Status sehen darf, finden Sie in den WhatsApp-Einstellungen unter *Account/Datenschutz/Status*.

Lästige Statusmeldungen ausblenden

Manche Personen posten ständig in kurzen Abständen belanglose Dinge im Status. Solche Personen können stummgestellt werden.

Deren Status erscheint nicht mehr auf der Statusseite, sondern nur noch ganz unten, wenn man auf die Zeile *Stumme Meldungen* tippt. Ein neuer Status dieser Personen zeigt auch keinen Punkt auf dem Status-Tab mehr an.

Tippen Sie auf der Statusseite länger auf eine Person, können Sie den Status stummschalten. Auf dem gleichen Weg heben Sie die Stummschaltung wieder auf.

Status in Facebook teilen

Der WhatsApp-Status kann ganz einfach auch in der Facebook-Story geteilt werden, wenn Sie auf dem Smartphone in Facebook angemeldet sind. Tippen Sie dazu nach dem Erstellen einer neuen Statusmeldung auf *An Facebook-Story senden*. Dieser Link verschwindet beim Wechsel auf eine andere Registerkarte in WhatsApp. Später können Sie über das Menü mit den drei Punkten neben einer Statusmeldung diese auch noch an Facebook senden.

8. Gruppen

Mit WhatsApp-Gruppen kann eine Familie, ein Freundeskreis, eine Schulklasse oder ein Verein sich gegenseitig auf dem Laufenden halten. Grundsätzlich kann jeder in die Gruppe schreiben, der Administrator kann dies aber beschränken. Alle Gruppenmitglieder sehen die Nachrichten sofort und können sich an der Diskussion beteiligen.

Gruppen anlegen

1. Um eine neue Gruppe anzulegen, tippen Sie auf das grüne Symbol zum Schreiben einer neuen Nachricht in der Chatübersicht.

2. Tippen Sie auf dem nächsten Bildschirm oben auf *Neue Gruppe*.

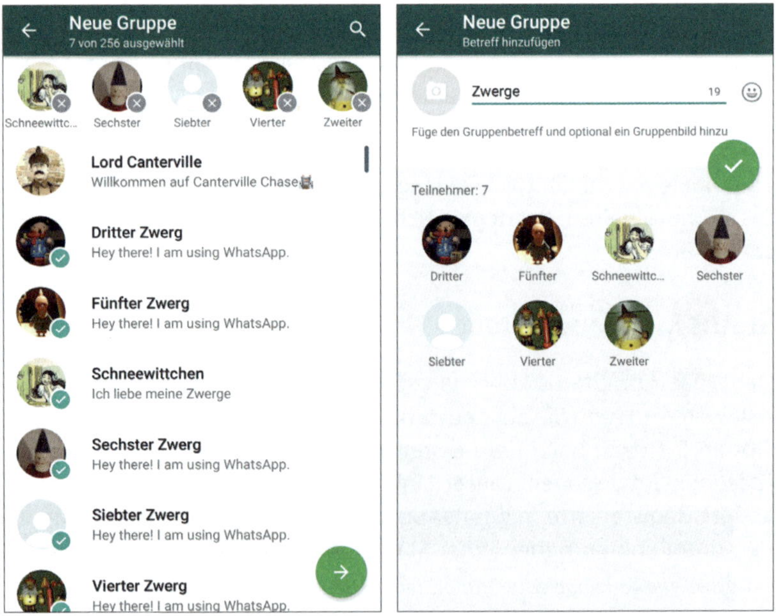

Gruppenmitglieder auswählen, Gruppenbetreff und Gruppenbild festlegen

3. Wählen Sie jetzt alle Kontakte aus, die in die Gruppe aufgenommen werden sollen. Tippen Sie anschließend auf den grünen Pfeil unten rechts.
4. Geben Sie der Gruppe im nächsten Schritt einen Namen. Unter diesem Namen taucht die Gruppe bei allen Gruppenmitgliedern in der Chatübersicht auf. Wählen Sie also einen Namen, unter dem sich alle etwas vorstellen können. Dieser Bildschirm zeigt noch einmal alle Gruppenmitglieder an. Der Name kann bis zu 25 Zeichen lang sein und darf auch Emojis enthalten.
5. Tippen Sie auf das Kamerasymbol, um ein Profilbild für die Gruppe auszuwählen.
6. Tippen Sie auf das grüne Häkchen, um die Gruppe anzulegen. Alle Gruppenmitglieder bekommen eine Nachricht, dass sie in die Gruppe aufgenommen wurden, und finden die Gruppe in der Chatübersicht.

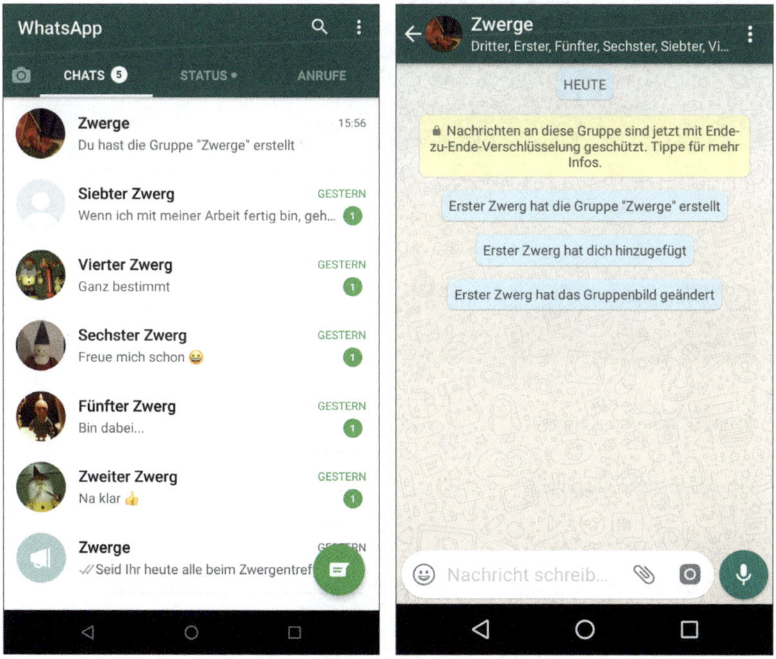

Links: die neu angelegte Gruppe, rechts: Benachrichtigung bei einem Gruppenmitglied

Vorsicht bei Gruppennamen
Vermeiden Sie Gruppennamen, die gewaltverherrlichend, rassistisch oder pornografisch klingen. WhatsApp sperrt Konten von Mitgliedern in solchen Gruppen. Das betrifft nicht nur den Gruppenadministrator.

Tippen Sie im Chat oben auf den Gruppennamen, wird der Gruppeninfo-Bildschirm angezeigt. Hier können Sie zusätzlich zum Namen der Gruppe noch eine ausführliche Beschreibung eintragen. Weiter unten sind alle Gruppenmitglieder zu sehen.

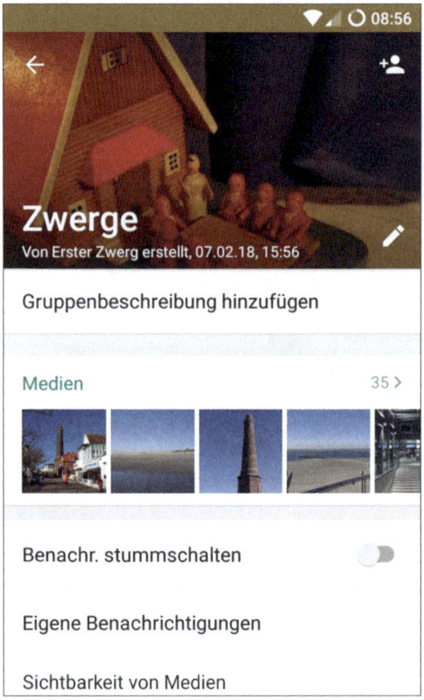

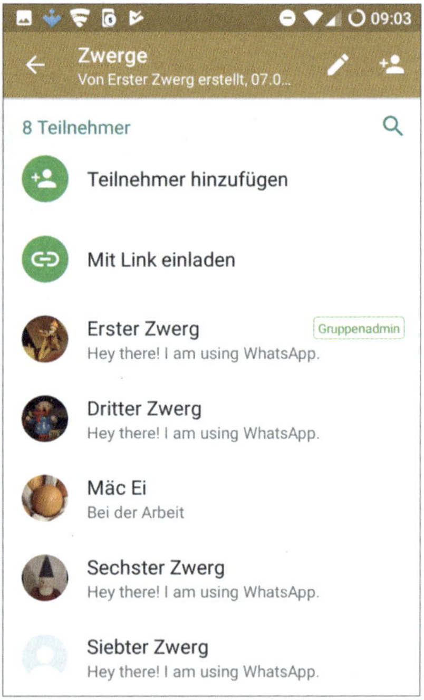

Gruppeninfo-Bildschirm mit Gruppenbeschreibung und Mitgliederliste

+++ SO GEHT'S AUF DEM IPHONE +++

Ganz oben in der Chatübersicht können Sie eine neue Gruppe anlegen.

Nachrichten an Gruppen schreiben

Um eine Nachricht an eine Gruppe zu schreiben, tippen Sie einfach auf die Gruppe – wie auf eine Person – und schreiben die Nachricht. Nach dem Absenden erscheint sie bei allen Gruppenmitgliedern im Gruppenchat. In Gruppenchats wird bei jeder empfangenen Nachricht der Absender angezeigt.

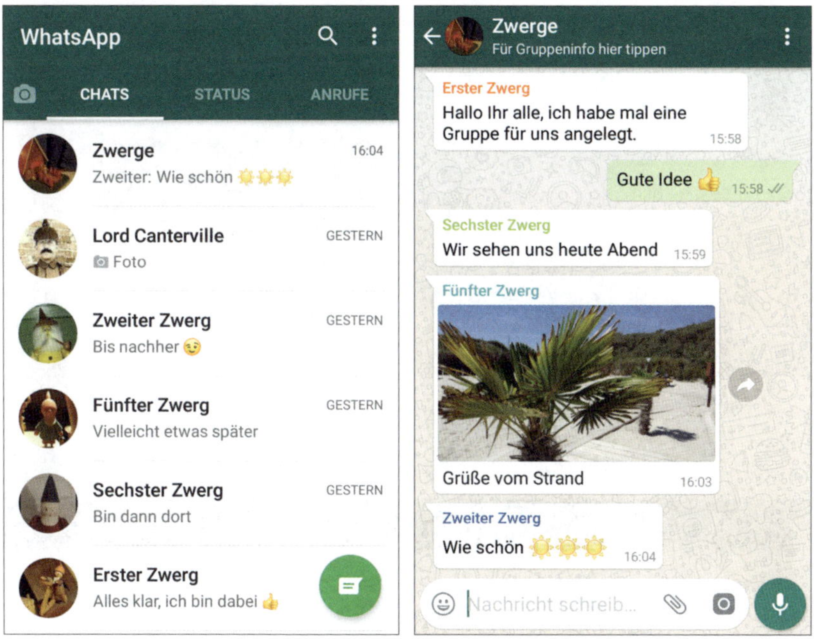

Links: Gruppe in der Chatübersicht, rechts: Gruppenchat

Person in einem Gruppenchat erwähnen

Möchten Sie eine Person innerhalb der Gruppe mit einer Gruppennachricht ansprechen, schreiben Sie das Zeichen @. Dann taucht eine Liste der Gruppenmitglieder auf, in der Sie die Person auswählen. Zusätzlich zur Gruppennachricht erhält die erwähnte Person noch eine zusätzliche Benachrichtigung in der Benachrichtigungsleiste. Hier ertönt auch ein Ton, wenn diese Person Gruppenbenachrichtigungen auf stumm gestellt hat.

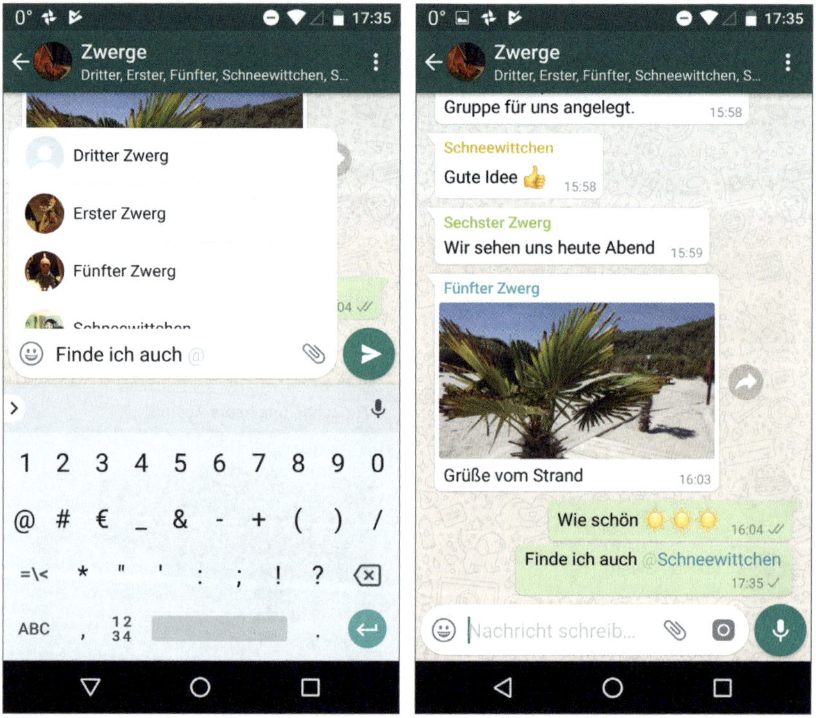

Eine Person im Gruppenchat erwähnen

Nachrichten zitieren

Wenn Sie in sehr aktiven Gruppen auf eine Nachricht antworten, ist oft nicht mehr klar, worauf sich die Antwort bezieht. In solchen Fällen kann man zur Übersichtlichkeit beitragen, indem man eine Nachricht zitiert.

Tippen Sie länger auf eine Nachricht, die Sie zitieren möchten, bis die Symbolleiste am oberen Bildschirmrand erscheint. Tippen Sie hier auf den Pfeil nach links.

Die Nachricht erscheint als Zitat oberhalb des Eingabefeldes. Schreiben Sie jetzt Ihren Text. Bei den anderen Personen in der Gruppe erscheint die Nachricht ebenfalls als Zitat.

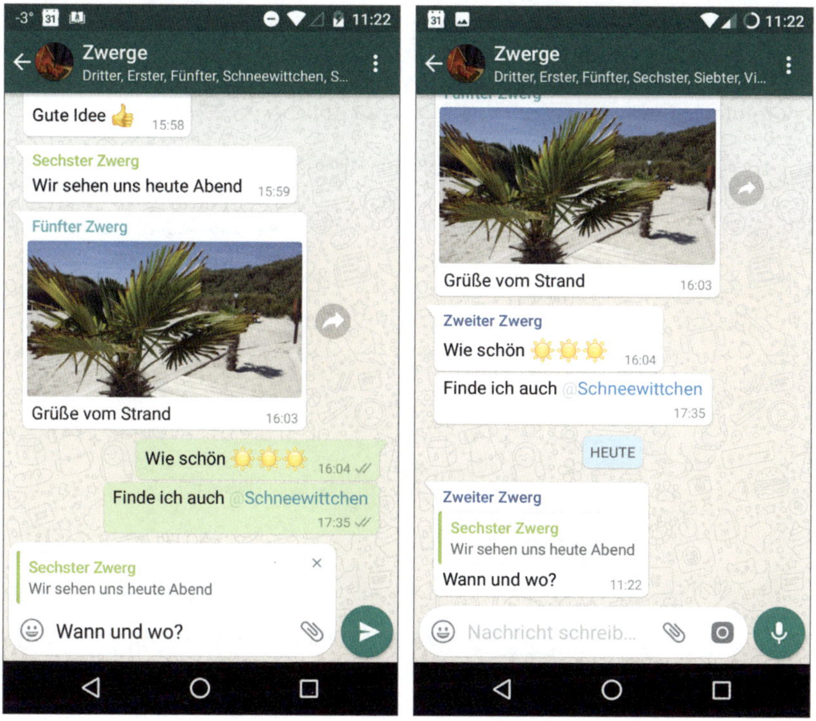

Nachricht in einer Gruppe zitieren

Leiten Sie eine zitierte Gruppennachricht an eine Person in einem persönlichen Chat weiter, wird das Zitat automatisch entfernt.

+++ SO GEHT'S AUF DEM IPHONE +++

Tippen Sie länger auf die Nachricht und dann auf *Antwort*, um sie in der Gruppe zu zitieren.

Person aus einem Gruppenchat direkt ansprechen

Um eine Person, die in der Gruppe etwas geschrieben hat, direkt außerhalb der Gruppe zu kontaktieren, tippen Sie länger auf eine Nachricht dieser Person, bis die Symbolleiste am oberen Bildschirmrand erscheint.

Im Menü mit den drei Punkten rechts oben können Sie wählen, ob Sie der Person privat antworten oder eine Nachricht schreiben möchten.

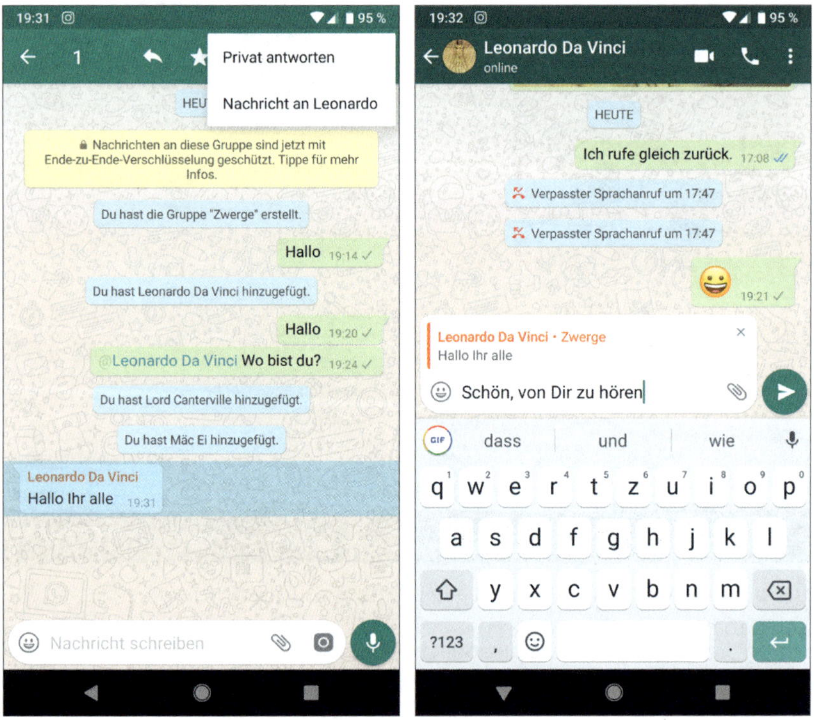

Auf eine Gruppennachricht privat antworten

In beiden Fällen erscheint die Nachricht nicht in der Gruppe, sondern im privaten Chat. Bei *Privat antworten* wird die Gruppennachricht automatisch zitiert.

Gruppe stummschalten

Gruppen mit vielen Nachrichten lassen ständig Benachrichtigungen ertönen, was auf Dauer sehr lästig sein kann. Sie müssen deshalb aber nicht gleich das Smartphone komplett auf lautlos schalten.

Tippen Sie in der Gruppe oben rechts auf das Menü mit den drei Punkten und wählen Sie dort *Benachr. stummschalten*. Jetzt brauchen Sie nur noch festzulegen, wie lange diese Stummschaltung gelten soll und ob Sie weiterhin bei neuen Gruppennachrichten Benachrichtigungen sehen möchten. Sind die Benachrichtigungen stummgeschaltet, ändert sich der Menüpunkt automatisch auf *Benachr. nicht mehr stumm*.

+++ SO GEHT'S AUF DEM IPHONE +++

Tippen Sie im Gruppenchat oben auf den Gruppennamen, um die Gruppeninfoseite zu sehen. Hier können Sie die Gruppe stummschalten.

Nachrichteninfo – wer hat die Nachricht schon gelesen

Manche Leute antworten auf Nachrichten einfach nicht, weil sie möglicherweise nicht erkennen, dass eine Antwort für den Absender hilfreich wäre. Bei persönlichen Chats erkennen Sie an den blauen Häkchen, wenn der Chatpartner die Nachricht gelesen hat. In Gruppennachrichten erscheinen die blauen Häkchen erst, wenn alle Gruppenmitglieder die Nachricht gelesen haben.

Tippen Sie länger auf eine Nachricht, bis die Symbolleiste am oberen Bildschirmrand erscheint. Tippen Sie hier auf das *Info*-Symbol.

Das Info-Symbol in der Mitte der Symbolleiste

Die Liste zeigt, wer wann die Nachricht gelesen hat. Weiter unten zeigt eine zweite Liste, an wen die Nachricht zugestellt, aber noch nicht gelesen wurde. *Ausstehend* bedeutet in diesem Fall, die Nachricht konnte an einige Gruppenmitglieder nicht zugestellt werden, weil sie ihre Smartphones ausgeschaltet oder keinen Netzempfang haben.

Diese Info-Anzeige funktioniert nur bei Nachrichten, die Sie selbst geschrieben haben.

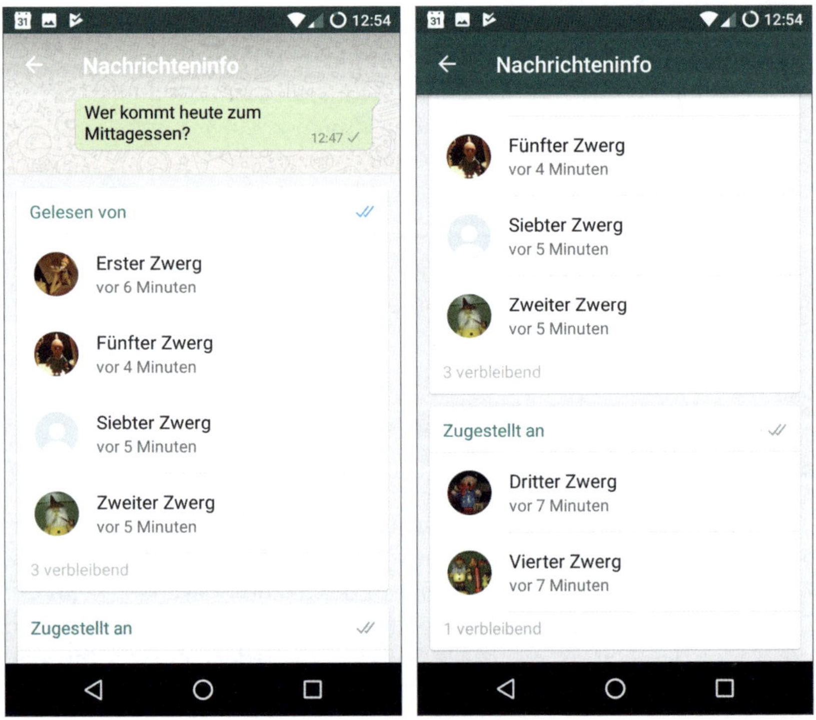

Informationen zu einer gesendeten Gruppennachricht

Nachrichten löschen

Auch in Gruppen können Sie Nachrichten, die Sie selbst geschrieben haben, wieder löschen. Das Löschen von Nachrichten anderer Gruppenmitglieder ist nicht möglich.

Tippen Sie länger auf eine Nachricht, bis die Symbolleiste am oberen Bildschirmrand erscheint. Tippen Sie hier auf das Papierkorbsymbol. Jetzt haben Sie die Wahl, ob Sie Ihre Nachricht nur selbst nicht mehr sehen möchten oder ob sie für alle in der Gruppe gelöscht werden soll.

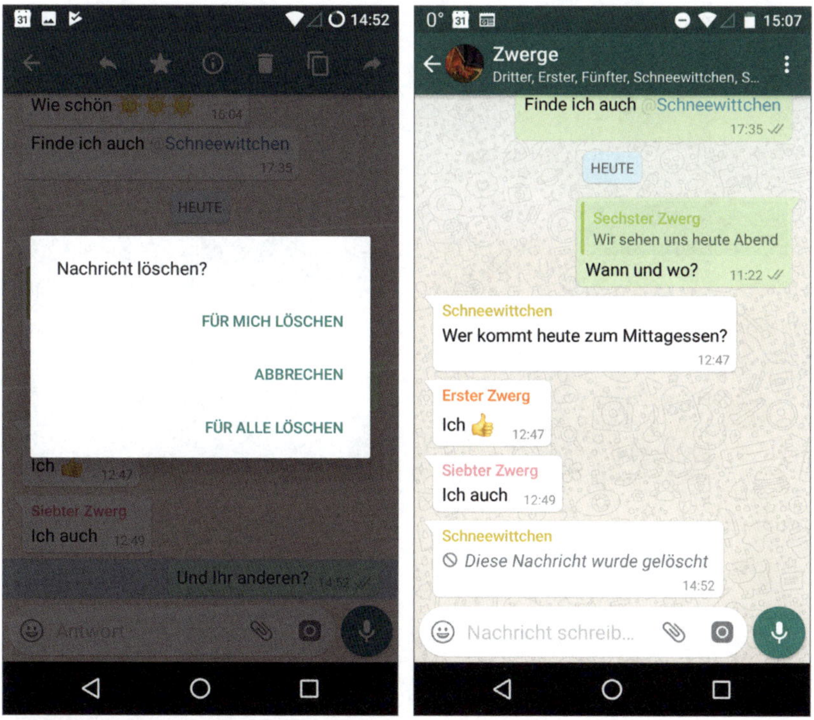

Andere Gruppenmitglieder sehen, dass eine Nachricht gelöscht wurde

Gruppenmedien

Alle Bilder, Videos und sonstige Medien einer Gruppe sehen Sie im Menü der Gruppe unter *Gruppenmedien*. Wie auch im Chatverlauf werden nur die Medien ab dem Zeitpunkt angezeigt, seit Sie der Gruppe beigetreten sind.

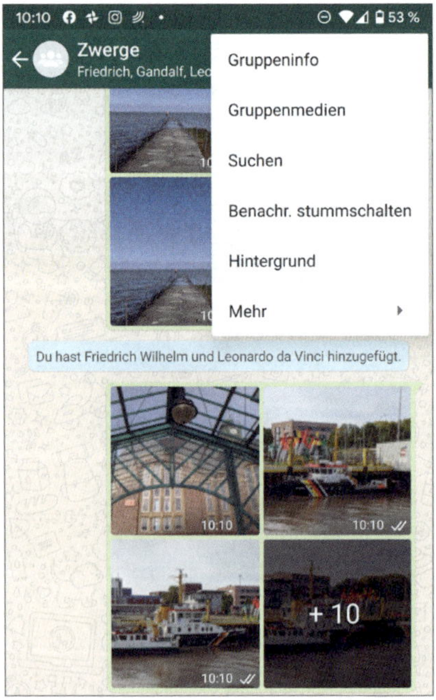

Gruppenmedien anzeigen

Aufgaben des Gruppen-Admins

Wer eine Gruppe angelegt hat, ist automatisch der Administrator dieser Gruppe und hat damit die Berechtigung, weitere Personen in die Gruppe aufzunehmen, andere zum Administrator zu machen oder auch Personen aus der Gruppe zu werfen. Tippen Sie im Chat einer Gruppe oben auf den grünen Balken mit dem Gruppennamen, sehen Sie das Gruppenbild und alle Mitglieder der Gruppe.

Personen nachträglich hinzufügen

Administratoren haben hier zusätzlich zwei grüne Buttons, um Teilnehmer zur Gruppe hinzuzufügen.

- Das Symbol *Teilnehmer hinzufügen* blendet eine Liste der eigenen Kontakte ein. Hier können Sie Personen auswählen und der Gruppe hinzufügen. Diese erhalten eine Benachrichtigung und werden automatisch Mitglied.
- Das Symbol *Mit Link einladen* generiert einen Link, der per E-Mail oder auf anderem Kommunikationsweg versendet werden kann. Jeder, der diesen Link auf seinem Smartphone aufruft, kann der Gruppe beitreten. Als Administrator können Sie später jederzeit den Link widerrufen. Ab diesem Zeitpunkt kann keine weitere Person über den Link der Gruppe beitreten.

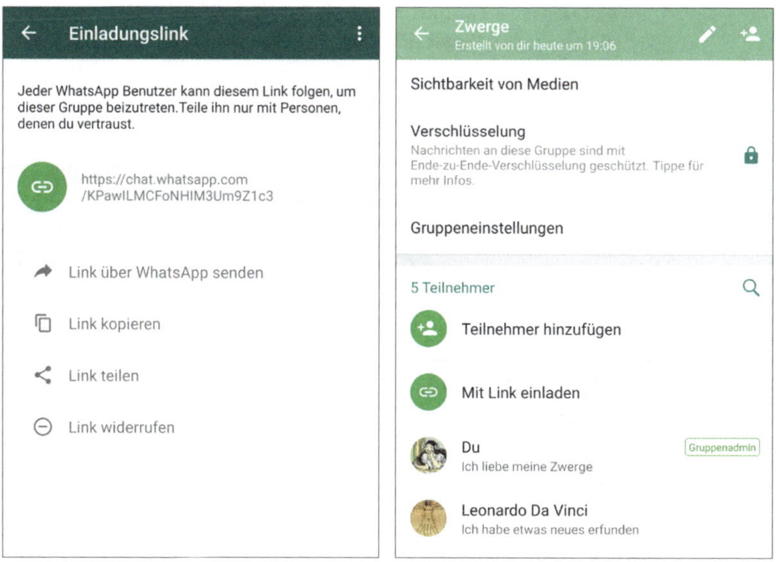

Gruppen-Admins können Personen zur Gruppe einladen

Privatsphäre bei Gruppeneinladungen

Wer nicht ständig von Freunden ungefragt irgendwelchen Gruppen hinzugefügt werden möchte, kann in den WhatsApp-Einstellungen unter *Account/Datenschutz/Gruppen* festlegen, dass nur noch eigene Kontakte oder sogar nicht alle Kontakte Sie zu Gruppen hinzufügen können. Die Gruppen-Admins haben weiterhin die Möglichkeit, persönliche Gruppeneinladungen zu schicken, sodass Sie selbst problemlos den Gruppen beitreten können.

QR-Code als Gruppeneinladung

Soll eine Gruppe einen größeren Personenkreis ansprechen, zum Beispiel einen Verein oder Besucher eines öffentlichen Treffpunkts, muss der Gruppen-Admin nicht jeden persönlich einladen, sondern kann eine öffentliche Einladung aussprechen, diese als QR-Code drucken und am lokalen Treffpunkt aushängen.

1. Tippen Sie auf der Seite *Einladungslink* auf das Menü mit den drei Punkten rechts oben und wählen Sie dort *Gruppen-QR-Code ausdrucken*.
2. Wählen Sie einen Drucker und das Papierformat und tippen Sie dann auf das Druckersymbol.

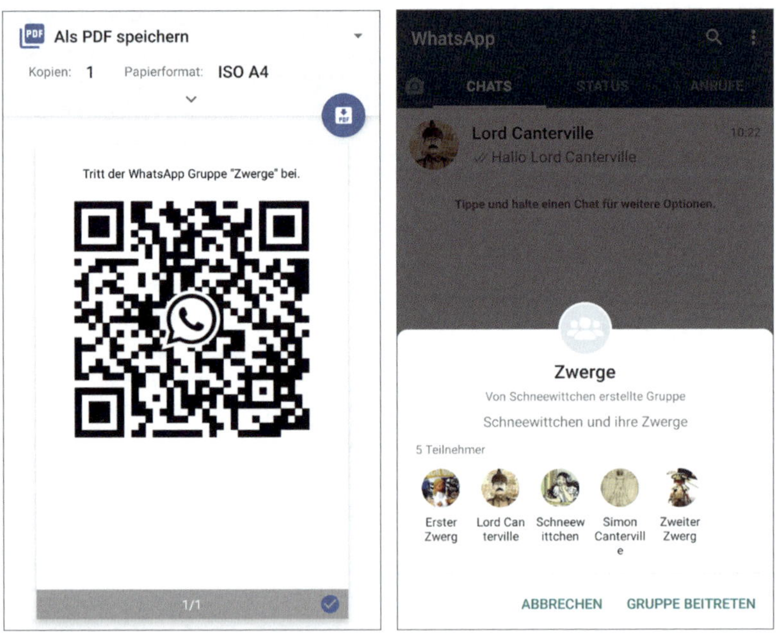

Links: QR-Code erzeugen und drucken, rechts: Eine Person tritt über einen QR-Code einer Gruppe bei

Damit das Drucken funktioniert, muss ein WLAN-fähiger Drucker im lokalen Netzwerk oder Google Cloud Print installiert sein. Alternativ zum direkten Drucken können Sie den QR-Code als PDF in Google Drive speichern und dann weiterleiten oder von einem PC drucken.

Jeder, der mit seinem Smartphone den QR-Code scannt, kann direkt, ohne weitere Einladung, der Gruppe beitreten.

Personen zu Gruppen-Admins machen

Gruppen können mehrere Gruppen-Admins haben, so braucht sich nicht eine Person allein darum zu kümmern, wer in die Gruppe aufgenommen wird und wer nicht. Tippen Sie als Gruppen-Admin auf dem Gruppeninfo-Bildschirm länger auf eine Person, erscheint ein Menü. Hier können Sie die Person zum Gruppen-Admin machen. Sie hat dann die gleichen Administratorrechte. Auf die gleiche Weise können Sie später auch den Admin-Status einer Person entfernen. Nur wer eine Gruppe gegründet hat, bleibt immer Gruppen-Admin und kann nicht von anderen Admins heruntergestuft werden.

Personen aus der Gruppe werfen

Im gleichen Menü, bei längerem Tippen auf eine Person in der Gruppe, können Administratoren die Person auch aus der Gruppe entfernen.

Gruppe verlassen

Jeder kann nach Belieben Gruppen verlassen, man muss nicht darauf warten, vom Gruppen-Admin entfernt zu werden. Tippen Sie im Gruppenchat oben auf den Gruppennamen. Tippen Sie ganz unten auf das Symbol *Gruppe verlassen*, erscheint noch eine Frage, ob Sie die Gruppe wirklich verlassen wollen oder lieber nur stummschalten.

Nachrichtenflut in Gruppen einschränken

Besonders große Gruppen, die eigentlich informativen Zwecken dienen sollten, zum Beispiel in Schulen oder gemeinnützigen Einrichtungen, geraten schnell außer Kontrolle, wenn alle Gruppenmitglieder durcheinander schreiben oder gar anfangen, sinnlose Witzbildchen in der Gruppe zu verbreiten. Solche Gruppen können beschränkt werden, damit nur noch Gruppen-Admins Nachrichten schreiben können.

Tippen Sie als Gruppen-Admin auf dem Gruppeninfo-Bildschirm auf *Gruppeneinstellungen*. Hier entscheiden Sie, ob alle Teilnehmer oder nur Admins Nachrichten senden dürfen. Die gleiche Auswahl haben Sie auch bei *Gruppeninfo bearbeiten*, wo Sie festlegen, wer den Gruppennamen und das Gruppenbild ändern darf.

Broadcast-Nachrichten im Unterschied zu Gruppen

Möchten Sie eine Nachricht an viele Personen auf einmal senden, ohne gleich eine Gruppe zu gründen, erstellen Sie eine Broadcast-Liste. Diese Liste steht nur Ihnen selbst zur Verfügung. Die Nachrichten kommen bei den anderen Personen wie einzelne Nachrichten an. Die anderen können auch nicht an alle Mitglieder der Liste schreiben, da sie die anderen gar nicht kennen.

1. Tippen Sie in der Hauptansicht von WhatsApp auf das Menü mit den drei Punkten und wählen Sie *Neuer Broadcast*.
2. Wählen Sie auf dem nächsten Bildschirm die Personen aus, die in die Liste aufgenommen werden sollen, und tippen Sie anschließend auf das grüne Häkchen unten rechts.
3. Ein Chatfenster für die Liste erscheint. Hier können Sie eine Nachricht eingeben. Damit Sie bei den Broadcast-Listen eine bessere Übersicht haben, können Sie diesen, ähnlich wie Gruppen, einen Namen geben. Tippen Sie dazu oben auf den grünen Balken.
4. Im Infobildschirm der Broadcast-Liste sehen Sie alle Empfänger, können neue hinzufügen oder welche entfernen. Mit dem Stiftsymbol ändern Sie den Namen der Liste.
5. Schreiben Sie eine Nachricht an die Liste, erscheint diese bei allen Empfängern in den persönlichen Chats. Wundern Sie sich also nicht, dass die Empfänger alle in einzelnen Chats antworten.

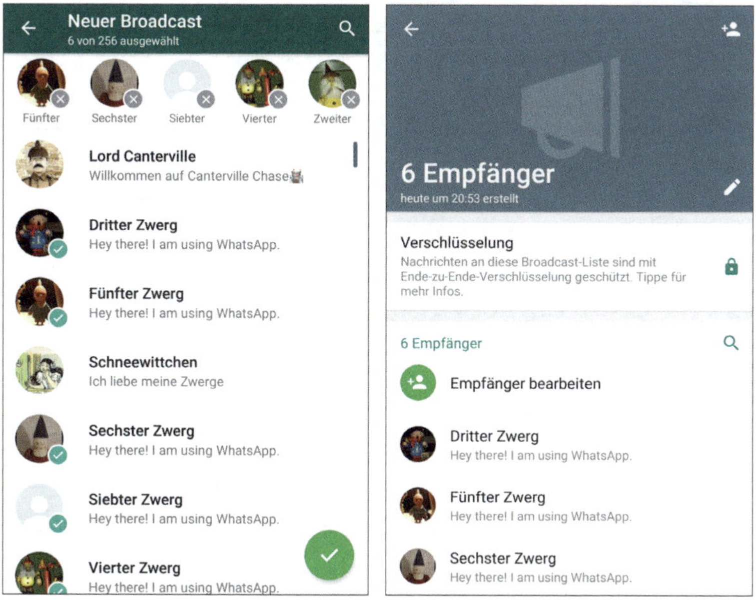

Broadcast-Liste anlegen und bearbeiten

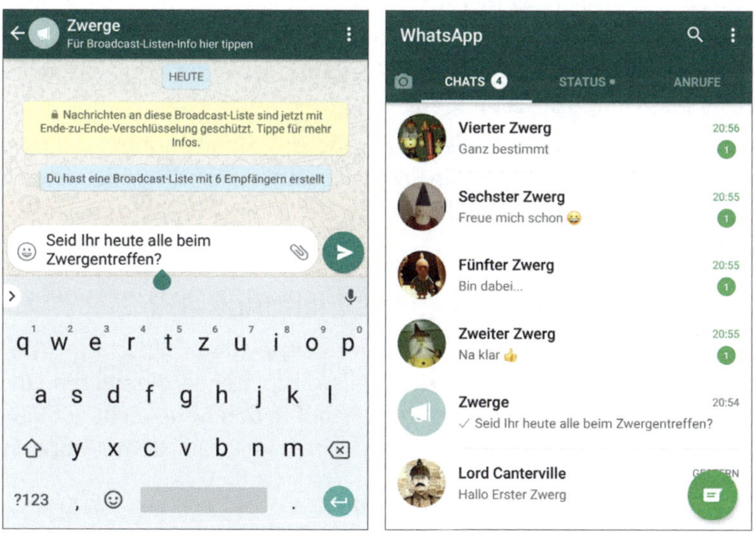

Eine Broadcast-Nachricht und die Antworten

9. Wichtige Einstellungen

Viele Einstellungen in WhatsApp wurden bisher im Laufe dieses Buches schon erwähnt. Einige interessante Einstellungen verbergen sich allerdings noch in den Tiefen der Menüs. Sie sollen hier vorgestellt werden.

Nützliche Chat-Einstellungen

Im Menü des WhatsApp-Hauptbildschirms unter *Einstellungen/Chats* legen Sie Aussehen und Verhalten des Chatbildschirms fest.

- **Enter = Senden** – In der Grundeinstellung fügt die [↵]-Taste auf der Bildschirmtastatur einen Zeilenumbruch in den geschriebenen Text ein. Auf diese Weise kann man einen langen Text übersichtlich halten. Setzen Sie das Häkchen, wirkt die [↵]-Taste wie der grüne Pfeil und schickt die Nachricht direkt ab.
- **Sichtbarkeit von Medien** – Wenn Sie über WhatsApp viele Bilder und besonders die weitverbreiteten Spaß- und Spruchbildchen bekommen, können Sie die Sichtbarkeit von Medien in der Galerie ausschalten. Damit werden die WhatsApp-Bilder dort nicht angezeigt, damit Sie Ihre eigenen Fotos besser finden.
- **Schriftgröße** – Je nach Bildschirmgröße des Smartphones und persönlichen Vorlieben können Sie drei verschiedene Schriftgrößen in den Chatfenstern wählen. Die Schriftgröße der Menüs und Listen ändert sich dabei nicht.

+++ SO GEHT'S AUF DEM IPHONE +++

Die Einstellungen finden Sie auf dem WhatsApp-Hauptbildschirm über das Symbol *Einstellungen* unten rechts. Allerdings stehen die beiden Einstellungen *Enter = Senden* und *Schriftgröße* auf dem iPhone nicht zur Verfügung. Die Einstellung *Sichtbarkeit von Medien* heißt auf dem iPhone *In Aufnahmen speichern.*

Dunkles Design

Der helle Smartphone-Bildschirm strengt die Augen an, außerdem lässt sich besonders auf OLED-Bildschirmen mit dunklem Hintergrund erheblich Strom sparen. Android 10 bietet die Möglichkeit, von hellem auf dunkles Design mit weißer Schrift umzuschalten. Unabhängig von der Systemeinstellung kann in den WhatsApp-Einstellungen unter *Chats/Design* ein dunkles oder helles Design gewählt werden. In der Grundeinstellung übernimmt WhatsApp die Systemeinstellung.

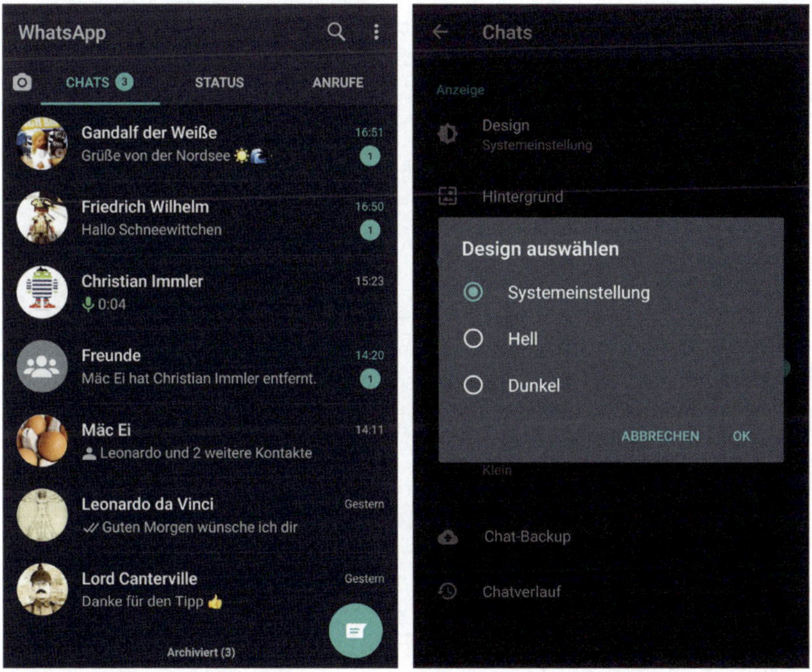

Dunkles Design in WhatsApp

+++ SO GEHT'S AUF DEM IPHONE +++

iOS unterstützt ab iOS 13 ein dunkles Design. Dieses kann in den *Einstellungen* unter *Anzeige und Helligkeit/Erscheinungsbild* eingestellt werden und gilt dann für alle Apps. WhatsApp hat keine eigene Einstellung für das Design.

Hintergrundbilder

Wem der Standardhintergrund in den Chatfenstern zu langweilig ist, der kann unter *Einstellungen/Chats/Hintergrund* auch ein eigenes Hintergrundbild verwenden.

- Das *WhatsApp*-Symbol bietet eine Auswahl von Hintergrundbildern, die beim ersten Mal als kostenloses Zusatzpaket *WhatsApp Wallpaper* über den Google Play Store heruntergeladen werden müssen.
- Sie können auch ein *Hintergrundbild* aus der Galerie auswählen. Eine Vorschau zeigt das Bild vor der Verwendung an. Durch Ziehen und Zoomen können Sie einen Bildausschnitt wählen.
- Haben Sie ein Bild per WhatsApp erhalten, wählen Sie im Menü der Bildansicht *Festlegen als/Hintergrund*, um dieses Bild als Hintergrund zu nutzen. Auch hier haben Sie die Möglichkeit, einen Bildausschnitt zu wählen.

Eigenes oder per WhatsApp empfangenes Bild als Hintergrund verwenden

Nur ein Hintergrundbild für alle Chats

In den Menüs jedes Chats finden Sie ebenfalls einen Menüpunkt *Hintergrund*. Das bedeutet aber nicht, dass jeder Chat einen eigenen Hintergrund verwenden kann. Alle Chats verwenden immer den gleichen Hintergrund.

+++ SO GEHT'S AUF DEM IPHONE +++

Die weiteren Hintergrundbilder werden direkt mit WhatsApp installiert und brauchen nicht nachträglich heruntergeladen zu werden.

Benachrichtigungen

WhatsApp lässt bei jeder eingehenden Nachricht einen Ton hören. Außerdem leuchtet die LED des Smartphones. Dazu muss das Smartphone LED-Benachrichtigungen unterstützen, was bei den meisten modernen Geräten der Fall ist. In den *Einstellungen* unter *Benachrichtigungen* können Sie für Benachrichtigungen aus privaten Chats und für Gruppenbenachrichtigungen zwei verschiedene Klingeltöne und auch zwei verschiedene Farben der Benachrichtigungs-LED festlegen, um sofort zu erkennen, ob sich gerade ein privater Chat oder eine Gruppe meldet. Der typische WhatsApp-Ton heißt *Standard (Glockenspiel)*.

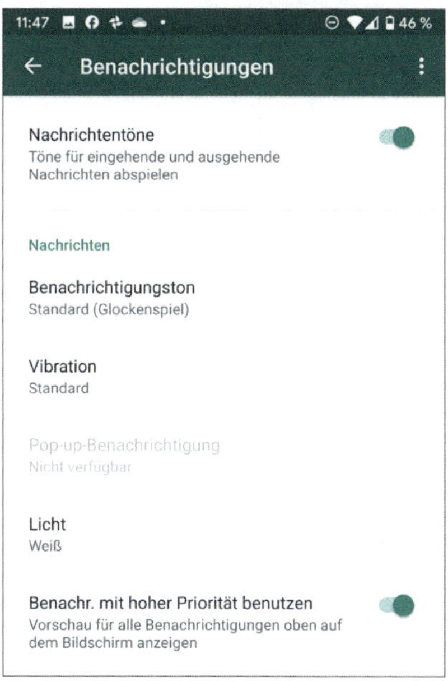

Klingelton für Nachrichten und Gruppennachrichten festlegen

Ist der Schalter *Benachrichtigungen mit hoher Priorität benutzen* aktiviert, erscheinen die WhatsApp-Benachrichtigungen immer ganz oben in der Liste. Außerdem können Sie in den Benachrichtigungseinstellungen von Android festlegen, dass Benachrichtigungen mit hoher Priorität anders behandelt werden sollen als einfache Benachrichtigungen.

+++ SO GEHT'S AUF DEM IPHONE +++

Die Einstellungen für Benachrichtigungen finden Sie in den WhatsApp-Einstellungen unter *Mitteilungen*. Da das iPhone keine Benachrichtigungs-LED hat, können dafür auch keine Farben gewählt werden. Unterschiedliche Prioritäten für Benachrichtigungen gibt es auf dem iPhone nicht. In den iOS-Einstellungen unter *Mitteilungen* legen Sie für jede App fest, ob Mitteilungen auf dem Sperrbildschirm, in der Mitteilungsliste oder als Banner angezeigt werden.

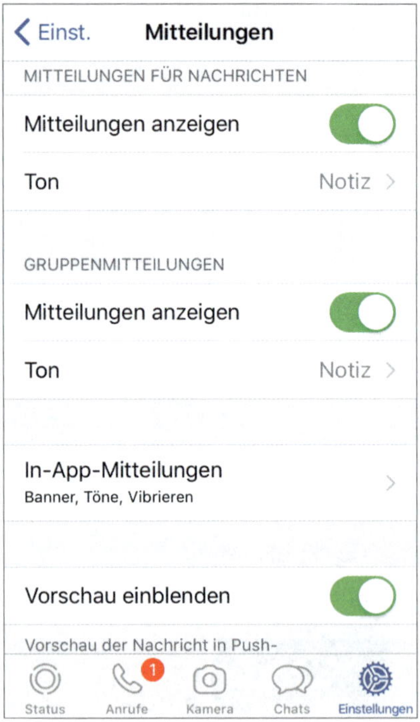

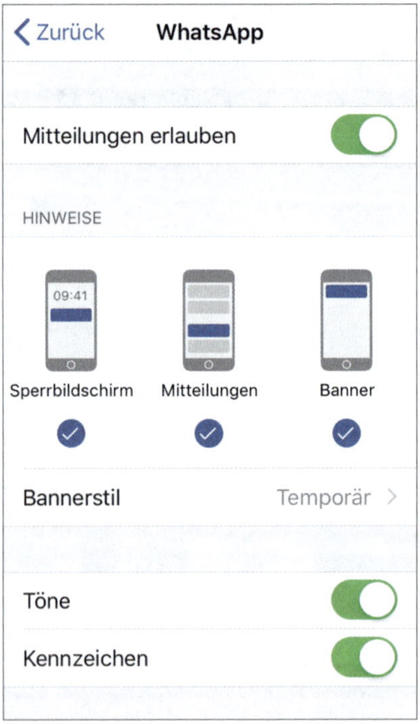

Benachrichtigungskanäle

WhatsApp benachrichtigt nicht nur bei eingehenden Nachrichten, sondern auch bei Backups, Fehlern und diversen anderen Anlässen.

Welche dieser Benachrichtigungen Sie wirklich sehen möchten, können Sie in den Android-Einstellungen unter *Apps & Benachrichtigungen/WhatsApp* festlegen. Tippen Sie hier auf *Benachrichtigungen* und schalten Sie die gewünschten Benachrichtigungskanäle ein oder aus.

Tippen Sie auf eine dieser Benachrichtigungskategorien, können Sie noch festlegen, ob die Benachrichtigungen auf dem Sperrbildschirm angezeigt werden sollen oder nicht. In den Einstellungen für den Sperrbildschirm unter *Sicherheit/Displaysperre* können Sie bei Bedarf alle Benachrichtigungen auf dem Sperrbildschirm auf einmal abschalten.

+++ SO GEHT'S AUF DEM IPHONE +++

Diese Funktion ist auf dem iPhone nicht verfügbar.

Benachrichtigungspunkt

Bei ungelesenen Mitteilungen oder verpassten Anrufen zeigt das WhatsApp-Symbol auf dem Startbildschirm einen sogenannten Benachrichtigungspunkt. Möchten Sie diesen nicht sehen, können Sie ihn in den Android-Einstellungen unter *Apps & Benachrichtigungen/WhatsApp/Benachrichtigungen/Erweitert* abschalten.

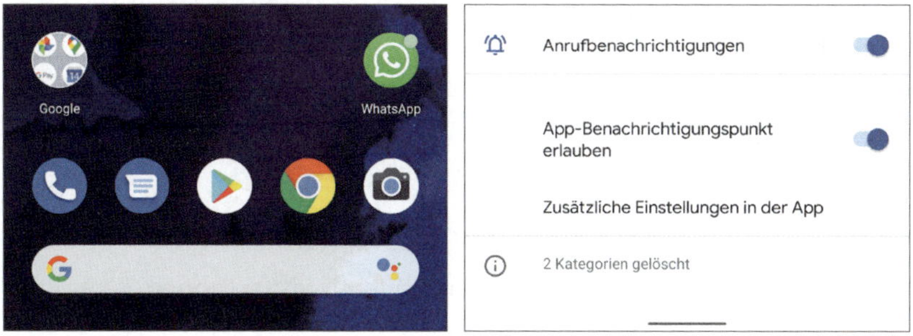

Der App-Benachrichtigungspunkt von WhatsApp

Was tun, wenn WhatsApp nicht benachrichtigt?

Der Datensparmodus von Android verhindert, dass Apps im Hintergrund Daten erhalten. So bemerkt WhatsApp nicht, wenn neue Nachrichten eintreffen.

Der Datensparmodus wird über das Schnelleinstellungssymbol *Datenverbrauch reduzieren* oder in den *Einstellungen* unter *Netzwerk & Internet/Datensparmodus* aktiviert und durch ein Symbol in der Statusleiste oben rechts angezeigt.

Tippen Sie auf die Zeile *Uneingeschränkter Datenzugriff*, um bestimmten Apps auch im Datensparmodus die uneingeschränkte Datennutzung zu ermöglichen. Dies ist besonders bei Messenger-Apps wie WhatsApp wichtig.

Die Carrier Services und Google Play Dienste haben standardmäßig uneingeschränkten Datenzugriff, da andernfalls einige andere Apps nicht zuverlässig funktionieren würden.

Besondere Klingeltöne für besondere Personen

Möchten Sie die Nachrichten einer persönlich besonders wichtigen Person in der Flut an WhatsApp-Nachrichten sofort erkennen, geben Sie dieser Person einen eigenen Klingelton oder eine eigene LED-Farbe.

Tippen Sie dazu in der Kontaktansicht der Person auf *Eigene Benachrichtigungen* und aktivieren Sie auf der nächsten Seite den Schalter *Eigene Benachrichtigungen*. Jetzt können Sie für diese Person die Töne für Chatbenachrichtigungen und Anrufe sowie die LED-Farbe festlegen. Für alle anderen gelten weiterhin die Standardeinstellungen.

+++ SO GEHT'S AUF DEM IPHONE +++

Die Einstellungen für persönliche Benachrichtigungen finden Sie auf der *Kontaktinfo*-Seite unter *Eigene Töne*. Hier gibt es keine LED-Farben.

Nicht-stören-Modus für die Nacht

WhatsApp bietet selbst keine Möglichkeit, Benachrichtigungen zu bestimmten Zeiten, etwa in der Nacht, automatisch stummzuschalten. Nutzen Sie dazu den Nicht-stören-Modus von Android.

Tippen Sie auf das Schnelleinstellungssymbol *Nicht stören*. Damit schalten Sie das Smartphone ganz einfach in den Nicht-stören-Modus – auf manchen Smartphones auch als Ruhemodus bezeichnet –, in dem es weder klingelt noch vibriert. Zur Erinnerung, dass der Nicht-stören-Modus aktiv ist, erscheint in der Symbolleiste rechts oben ein entsprechendes Symbol.

Tippen Sie länger auf das Nicht-stören-Symbol, erscheint der Einstellungsbildschirm. Hier legen Sie fest, ob im Nicht-stören-Modus Wecker und Medien (Musik und Filme) weiterhin ertönen dürfen oder nicht. Auch die Töne bei Berührung des Bildschirms lassen sich in diesem Modus deaktivieren. Legen Sie außerdem fest, ob bei Benachrichtigungen nur kein Benachrichtigungston oder auch keine optischen Signale erscheinen dürfen.

In den *Ausnahmen* können Sie Kontakte festlegen, die auch im Nicht-stören-Modus benachrichtigen dürfen. Seit Android 10 gilt das nicht mehr nur für Telefon und SMS, sondern auch für Messaging-Apps wie WhatsApp.

Über die *Zeitpläne* in den Einstellungen zu *Nicht stören* können Sie Regeln definieren, nach denen sich das Smartphone zu bestimmten Zeiten oder bei bestimmten Ereignissen, die über Termine im Kalender definiert werden, selbstständig in den Nicht-stören-Modus schaltet.

Der Zeitplan *Uhrzeit* schaltet das Smartphone nachts in den Nicht-stören-Modus. Die Zeiten können Sie natürlich beliebig anpassen. Ist die Option *Weckruf kann Schlusszeit außer Kraft setzen* eingeschaltet, wird der Nicht-stören-Modus sofort beendet, wenn ein Wecker klingelt, auch dann, wenn die eingestellte Schlusszeit noch nicht erreicht ist.

Die Regel *Termin* schaltet während Terminen in den Nicht-stören-Modus, vorausgesetzt, die Termine wurden mit *Ja* oder *Vielleicht* beantwortet. Natürlich können Sie diese Regeln, bevor Sie sie einschalten, Ihren persönlichen Lebensgewohnheiten anpassen oder auch ganz neue Regeln definieren. Dabei wird zwischen Uhrzeitregeln, die abhängig von Wochentagen und Tageszeiten arbeiten, sowie Terminregeln, die abhängig von Terminen im Kalender arbeiten, unterschieden.

+++ SO GEHT'S AUF DEM IPHONE +++

Den Nicht-stören-Modus finden Sie in den iOS-Einstellungen unter *Nicht stören*.

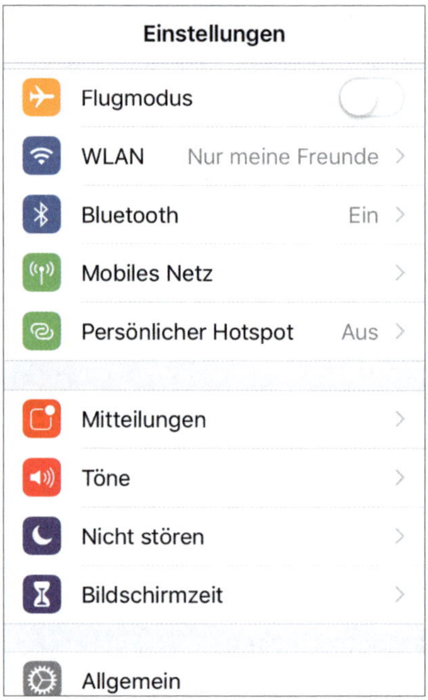

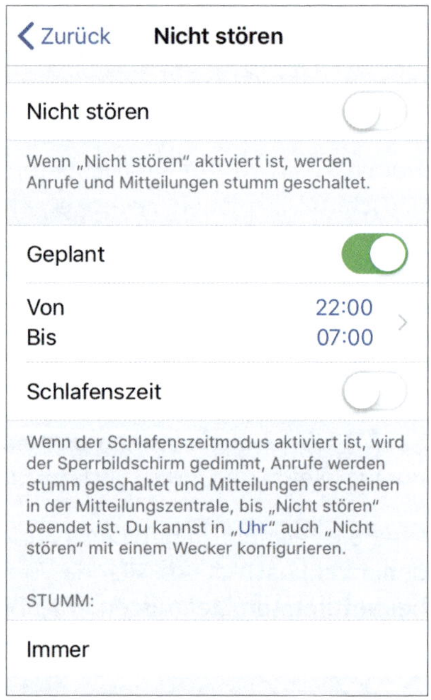

So viel Datenvolumen braucht WhatsApp wirklich

Wichtig bei der Ermittlung der optimalen Einstellungen und des optimalen Tarifs ist der tatsächliche persönliche Datenverbrauch. In den WhatsApp-Einstellungen unter *Daten- und Speichernutzung/Netzwerk-Nutzung* finden Sie eine genaue Übersicht über Ihren Datenverbrauch. Setzen Sie diese Statistik ganz unten immer am gleichen Tag des Monats regelmäßig zurück, können Sie gut abschätzen, welchen Anteil WhatsApp am gesamten monatlichen Datenverbrauch hat.

Textnachricht (durchschnittlich 200 Zeichen)	1 KB
Foto (automatisch komprimiert)	60–90 KB
Video (abhängig von Länge und Auflösung)	max. 16 MB
Dateien und Dokumente	max. 100 MB
Sprachnachrichten und Telefonie	1 MB/min.
Videotelefonie	5 MB/min

Datenverbrauch sparen

Um Datenverbrauch zu sparen, können Sie in den WhatsApp-Einstellungen unter *Daten- und Speichernutzung* den automatischen Download von Medien im Mobilfunknetz abschalten oder auf Fotos begrenzen. Videos, Audios und Dokumente erscheinen dann automatisch nur als Symbol und werden erst beim Tippen darauf heruntergeladen. Bei jeder Datei wird die Größe angezeigt, sodass Sie jederzeit entscheiden können, ob Sie sie herunterladen möchten oder nicht. Ganz unten auf dieser Einstellungen-Seite können Sie den Datenverbrauch bei WhatsApp-Anrufen reduzieren. Dies verbessert bei schwachen Internetverbindungen auch die Gesprächsqualität. Bei guter Internetverbindung wird die Gesprächsqualität allerdings durch das Reduzieren der Datenmenge etwas schlechter. Beim Roaming außerhalb der EU schalten Sie alle automatischen Downloads ab. Der automatische Download von Sprachnachrichten lässt sich leider nicht abschalten.

Tipps zu Mobilfunktarifen für WhatsApp

Da es so gut wie keine Smartphones ohne Internetzugang mehr gibt, ist mobiles Internet heute bei den allermeisten Mobiltarifen dabei. Der mobile Internetzugang per UMTS, HSPA und auch LTE wird fast überall nach verbrauchtem Datenvolumen abgerechnet und nicht mehr nach Onlinezeit, wie es früher bei den ersten Handys der Fall war. Zur Ermittlung des Datenverbrauchs spielt es keine Rolle, ob Daten aus dem Internet heruntergeladen oder vom Smartphone gesendet werden, wie z. B. E-Mails oder Fotos, die man bei Facebook hochlädt. Jedes Megabyte zählt. Mittlerweile enthalten fast alle Mobilfunktarife standardmäßig ein Datenpaket mit typischerweise 200–1.000 MB. Seit die Internetverbindung nicht mehr komplett getrennt, sondern nur noch drastisch abgebremst wird, bezeichnen fast alle Anbieter ihre Datentarife als Internetflatrate. Entscheidend für die Preisunterschiede ist das Datenvolumen, bei dem die Bremse zuschlägt.

Die Internetverbindung wird nach dem Verbrauch des Inklusivvolumens bei den meisten Tarifen nicht gestoppt, sondern auf GPRS-Geschwindigkeit gebremst, sodass man nicht komplett vom Internet abgeschnitten ist, da viele Funktionen von Smartphones ohne Internetanbindung gar nicht mehr funktionieren. Man kann das Freivolumen zwar ohne zusätzliche Kosten überschreiten, wird dann aber vom flotten LTE oder HSPA auf GPRS-Niveau heruntergebremst, was die Nutzung für den Rest des Monats unattraktiv macht und höchstens noch für WhatsApp-Textnachrichten und E-Mails ohne Anhang reicht. Denn es handelt sich dabei nicht um eine Bremse von wenigen Prozent, sondern eher um ein »vor die Wand fahren« von theoretisch bis zu 1,4 Gbit/s bei LTE (Cat 21) oder 42 Mbit/s bei HSPA+ (schneller als DSL 32.000) auf 64 Kbit/s (vergleichbar ISDN), also einen Geschwindigkeitsverlust von mehr als 99 %!

Vorsicht bei Datenautomatik

Einige Tarife von O2 und auch von Discountern, die dieses Netz nutzen, zum Beispiel Yourfone, DeutschlandSIM und Smartmobil, beinhalten eine sogenannte Datenautomatik. Damit wird die Geschwindigkeit nach Erreichen des Inklusivvolumens nicht reduziert, dafür aber automatisch ein kostenpflichtiges Datenpaket von 100 oder 200 MB hinzugebucht. Diese Zusatzkosten sind im Verhältnis zu den eigentlichen Tarifkosten unverhältnismäßig hoch (bis zu 2 Euro pro 100 MB) und werden bis zu dreimal in Folge automatisch abgebucht. Achten Sie genau auf die Tarifbedingungen. Bei einigen Discounter-Tarifen lässt sich diese Datenautomatik nicht abschalten.

10. Nützliche Tipps und Tricks

Eine alte Administratorenweisheit sagt: 90 % der Anwender nutzen nur 10 % der Funktionen eines Programms. Möchten Sie zu den übrigen 10 % gehören, finden Sie in diesem Kapitel sicher noch den einen oder anderen Tipp.

Datensicherung auf dem Smartphone

WhatsApp sichert automatisch jede Nacht alle Nachrichten auf dem Smartphone bzw. auf der Speicherkarte im Ordner *WhatsApp/Backups*. Wenn Sie WhatsApp neu installieren, sucht die App nach einer Datensicherung und fragt, ob diese wiederhergestellt werden soll. Tippen Sie, bevor Sie WhatsApp deinstallieren, in den *Einstellungen* unter *Chats/Chat-Backup* auf *Sichern*, um manuell eine Datensicherung anzulegen und nicht bis in die Nacht warten zu müssen.

Datensicherung auf Google Drive

Noch wesentlich zuverlässiger als eine lokale Sicherung ist eine Datensicherung auf Google Drive. Damit können Sie Ihre Chatdaten wiederherstellen, auch wenn das Smartphone beschädigt wird oder verloren geht oder Sie einfach auf ein neueres Gerät wechseln möchten. Google Drive stellt jedem Benutzer mit seinem Google-Konto automatisch 15 GB kostenlosen Onlinespeicher zur Verfügung.

1. Legen Sie in den *Einstellungen* unter *Chats/Chat-Backup* in der Zeile *Auf Google Drive sichern* fest, wie oft die automatische Sicherung erfolgen soll.
2. In der Zeile *Konto* wird Ihr persönliches Google-Konto, das auf dem Smartphone angemeldet ist, angezeigt. Tippen Sie darauf, können Sie ein anderes Konto festlegen. Dieses wird dann automatisch in den Einstellungen auf dem Smartphone als weiteres Konto eingetragen. Wählen Sie in den Smartphone-Einstellungen unter *Konten*, welche sonstigen Daten mit diesem Konto synchronisiert werden sollen.

3. In der Zeile *Sichern über* sollten Sie die Standardeinstellung *Nur WLAN* stehen lassen, da bei aktiver WhatsApp-Nutzung schnell mehrere 100 MB Sicherungsdaten anfallen.
4. Videos werden standardmäßig nicht gesichert, da diese das Volumen der Sicherungsdatei erheblich vergrößern.

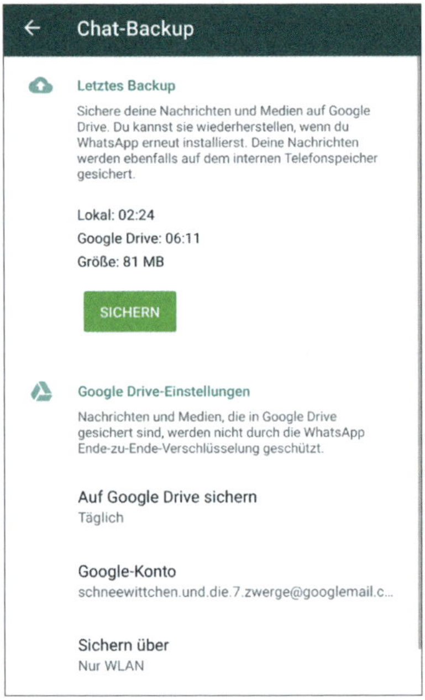

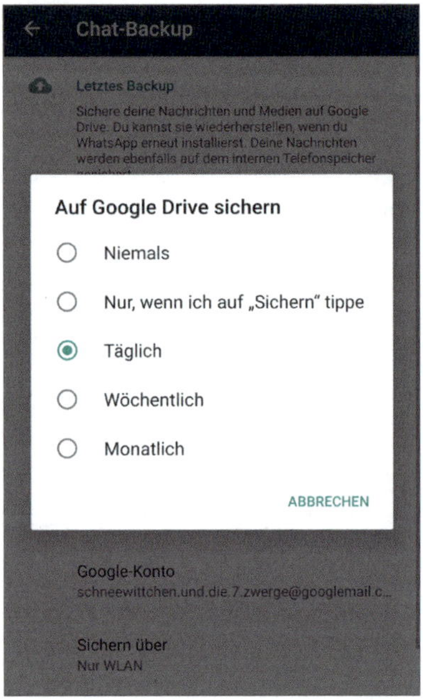

Datensicherung auf Google Drive

Wenn Sie WhatsApp mit der gleichen Mobilnummer neu installieren, werden Sie nach einem Google-Konto gefragt. Nach der Anmeldung sucht die App automatisch nach einer Datensicherung auf Google Drive und fragt, ob diese Daten übernommen werden sollen.

+++ SO GEHT'S AUF DEM IPHONE +++

In den WhatsApp-Einstellungen unter *Chats/Chat-Backup* können Sie Ihre Chats automatisch oder manuell in der iCloud sichern. Eine lokale Sicherung ist auf dem iPhone nicht möglich.

WhatsApp-Medien löschen, Speicherplatz freigeben

Im Laufe der Zeit belegen die zahlreichen per WhatsApp empfangenen Bilder, Sprachnachrichten und Videos erheblichen Speicherplatz. Viele davon braucht man schon kurze Zeit später nicht mehr. Sie belegen aber trotzdem Speicherplatz.

WhatsApp bietet ausführliche Übersichten, welche Chats wie viele Daten enthalten, und auch einfache Möglichkeiten, diese großzügig zu löschen, ohne jedes Bild oder Video im Chatverlauf einzeln löschen zu müssen.

1. Tippen Sie in den WhatsApp-Einstellungen unter *Daten- und Speichernutzung* auf *Speichernutzung*. Hier sehen Sie, welche Chats wie viel Speicher verbrauchen. Dabei spielt es keine Rolle, ob es sich um empfangene oder gesendete Daten handelt.

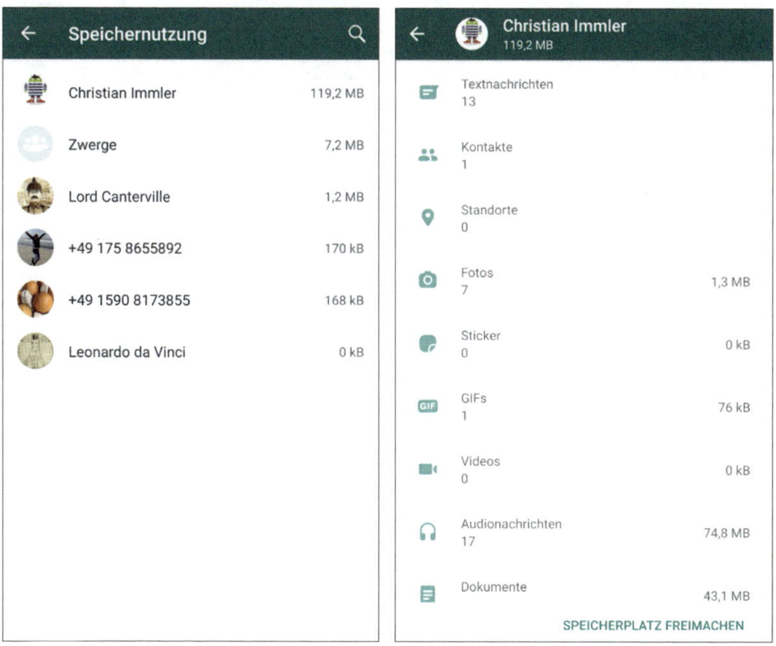

Speichernutzung anzeigen und Nachrichten nach Typ bei einer Person löschen

2. Tippen Sie auf eine Person oder Gruppe, wird genau dargestellt, welche Art von Daten wie viel Speicher verbraucht.
3. Tippen Sie unten auf *Speicherplatz freimachen* und wählen Sie dann die Datenkategorien aus, die automatisch gelöscht werden sollen. Damit können Sie große Speicherfresser eliminieren und die reinen Textnachrichten bestehen lassen.

WhatsApp-Fotos auf Google Fotos sichern

Wenn Sie Ihre WhatsApp-Fotos automatisch auf Google Fotos sichern, haben Sie sie dort immer zur Verfügung und können sie regelmäßig auf dem Smartphone löschen, um wertvollen Speicherplatz freizugeben. Aktivieren Sie dazu in *Google Fotos* unter *Geräteordner/WhatsApp Images* den Schalter *Backup & Sync*.

Regelmäßiges Löschen der Medien spart auch Speicherplatz für die Datensicherung auf Google Drive. Die automatische Sicherung von Fotos in kleinen Auflösungen, wie WhatsApp sie verwendet, wird dagegen nicht auf das kostenlose Speicherplatzkontingent angerechnet.

Die brutale Methode – Chats komplett löschen

Enthalten Ihre Chats ohnehin nur Belanglosigkeiten, können Sie einzelne oder auch alle Chats mit wenig Aufwand einschließlich der darin enthaltenen Medien komplett löschen, was sehr schnell sehr viel Speicherplatz freigibt.

- Tippen Sie in der Chatübersicht länger auf eine Person, bis die Symbolleiste erscheint. Tippen Sie jetzt auf das Papierkorbsymbol, wird der gesamte Chat gelöscht. In der Sicherheitsabfrage können Sie vorher noch wählen, ob die enthaltenen Medien ebenfalls gelöscht werden sollen. Gruppenchats können auf diese Weise nicht gelöscht werden.
- In den WhatsApp-Einstellungen unter *Chats/Chatverlauf* können Sie alle Chats auf einmal löschen und dabei auf Wunsch auch alle Medien mit löschen. Bei den Chatpartnern bleiben die Nachrichten und Medien erhalten.

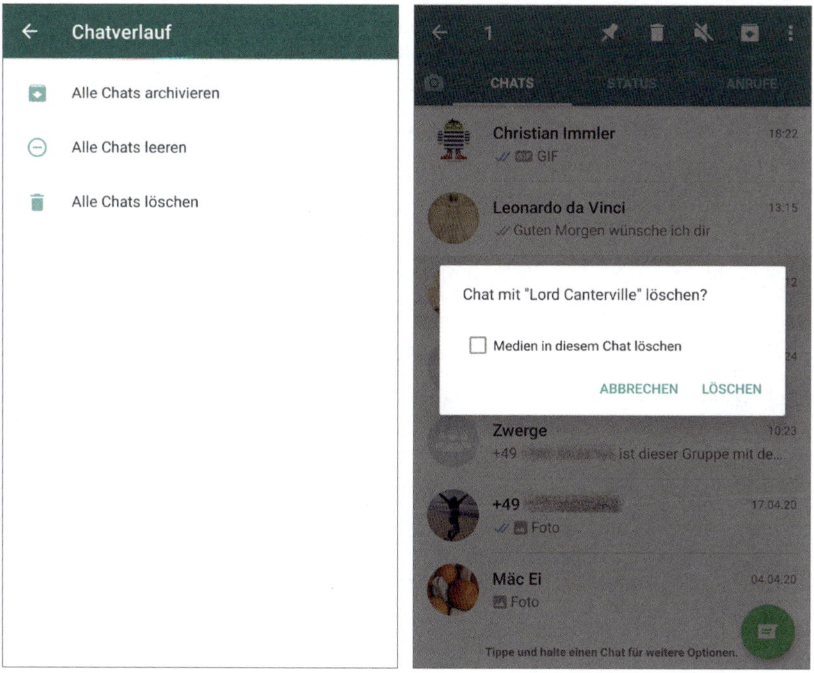

Einzelne oder alle Chats auf dem Smartphone löschen oder leeren

Chats löschen oder leeren

Der Unterschied zwischen *Chats löschen* und *Chats leeren* ist dieser: Beim Löschen verschwinden die Chats auch aus der Chatübersicht. Beim Leeren bleiben die Namen zum schnellen Zugriff dort stehen. Außerdem können Sie beim Leeren festlegen, dass mit Stern markierte Nachrichten in den Chats erhalten bleiben.

Chats archivieren

Chatten Sie mit vielen Personen, wird die Chatübersicht auf dem WhatsApp-Hauptbildschirm schnell sehr voll. Chats, die Sie im Moment nicht brauchen, aber auch nicht löschen möchten, können Sie archivieren. Sie erscheinen dann nicht mehr in der Chatübersicht, Sie können aber trotzdem jederzeit darauf zugreifen. Kommt eine neue Nachricht in einem archivierten Chat an, wird dieser sofort wieder in der Chatübersicht angezeigt.

1. Markieren Sie durch langes Antippen in der Chatübersicht einen oder mehrere Chats, die archiviert werden sollen.
2. Tippen Sie in der Symbolleiste oben auf das Symbol *Archivieren*. Die Chats verschwinden aus der Chatübersicht.

3. Am unteren Ende der Chatübersicht wird angezeigt, wie viele Chats archiviert sind. Tippen Sie darauf, sehen Sie die Liste.
4. Markieren Sie durch langes Antippen in der Liste archivierter Chats einen oder mehrere Chats, die aus dem Archiv zurückgeholt werden sollen, und tippen Sie dann auf das Archivsymbol, dessen Pfeil diesmal nach oben zeigt. Die Chats werden aus dem Archiv zurückgeholt.

In den WhatsApp-Einstellungen unter *Chats/Chatverlauf* können Sie alle Chats auf einmal archivieren.

+++ SO GEHT'S AUF DEM IPHONE +++

Um einen Chat zu archivieren, wischen Sie ihn in der Chatübersicht nach links, bis das Symbol *Archivieren* erscheint.

WhatsApp per Fingerabdruck sichern

Möchten Sie nicht jedem, der Ihr Smartphone in die Hand bekommt, Ihre WhatsApp-Chats zeigen, können Sie WhatsApp zusätzlich mit Ihrem Fingerabdruck sichern. Eingehende WhatsApp-Anrufe können auch im gesperrten Zustand entgegengenommen werden.

Um den Fingerabdruck in WhatsApp nutzen zu können, muss dieser in den *Einstellungen* unter *Sicherheit* eingerichtet sein. Voraussetzung dafür ist natürlich ein Fingerabdruckscanner auf dem Smartphone.

1. Aktivieren Sie in den WhatsApp-Einstellungen unter *Account/Datenschutz/Fingerabdruck-Sperre* den Schalter *Entsperren mit Fingerabdruck*.
2. Bestätigen Sie die Einstellung mit Ihrem Fingerabdruck.
3. Legen Sie dann noch fest, ob WhatsApp sofort, nach einer oder 30 Minuten gesperrt werden soll und eine erneute Bestätigung mit dem Fingerabdruck nötig wird.
4. Auf demselben Bildschirm können Sie noch einstellen, ob bei aktiver Sperre Inhalt und Absender einer Nachricht in den Push-Benachrichtigungen weiterhin angezeigt werden sollen.

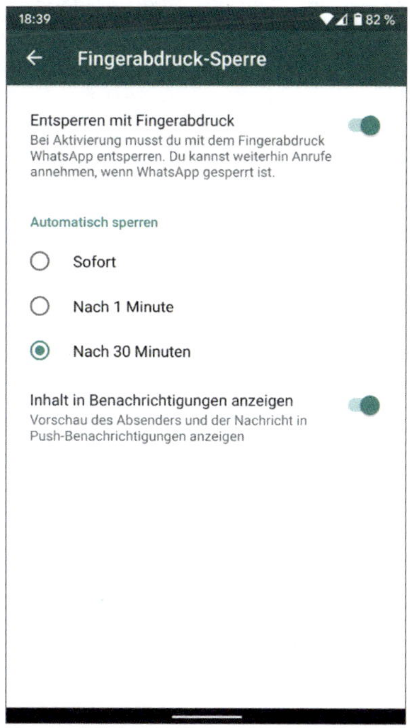

Fingerabdrucksperre aktivieren

+++ SO GEHT'S AUF DEM IPHONE +++

Sie finden diese Einstellung in den WhatsApp-Einstellungen unter *Account/Datenschutz/Bildschirmsperre/Touch ID erforderlich*.

Texte automatisch übersetzen

Möchten Sie einem Chatpartner in dessen Muttersprache schreiben oder antworten, können Sie eigene Texte vor dem Absenden automatisch übersetzen lassen.

1. Tippen Sie auf den kleinen Pfeil links oberhalb der Tastatur und tippen Sie dann in der Symbolleiste auf das *Google Translate*-Symbol.
2. Geben Sie den Text in das Übersetzungsfeld ein. Die Ausgangssprache wird meist automatisch erkannt, die Zielsprache wählen Sie rechts in der Liste. Sollte die Ausgangssprache nicht korrekt erkannt werden, wählen Sie sie in der linken Liste.
3. Der übersetzte Text wird automatisch in das Texteingabefeld eingetragen und kann so versendet werden.

Automatische Übersetzung mit Google Translate

Umgekehrt können Sie einen empfangenen Text in das Übersetzungsfeld kopieren, um ihn in Ihre eigene Muttersprache zu übersetzen.

Qualität der Übersetzung

Zur Veröffentlichung fremdsprachiger Texte ist der Google Übersetzer wie jede andere Art automatischer Übersetzung völlig ungeeignet. Besonders bei Sprachen, bei denen man nicht einmal den leisesten Hauch einer Ahnung hat, was ein Text bedeutet, kann eine automatische Übersetzung aber durchaus hilfreich sein. In einem Chat sollte man seine Chatpartner darauf hinweisen, dass die Texte automatisch übersetzt wurden.

+++ SO GEHT'S AUF DEM IPHONE +++

Diese Funktion ist auf dem iPhone nicht verfügbar.

Mobilnummer ändern

Wenn Sie zum Beispiel bei einem Anbieterwechsel eine neue Handynummer bekommen, können Sie diese auch mit Ihrem bestehenden WhatsApp-Konto nutzen.

1. Tippen Sie in den WhatsApp-Einstellungen auf Ihr Profilbild und stellen Sie sicher, dass Ihr WhatsApp-Konto wirklich mit der alten Handynummer angemeldet ist.
2. Stecken Sie die neue SIM-Karte in das Smartphone.
3. Wählen Sie in den WhatsApp-Einstellungen *Accounts/Nummer ändern*.
4. Tragen Sie auf der nächsten Seite die alte und die neue Handynummer ein.
5. Jetzt erhalten Sie wie bei der Neuinstallation einen Bestätigungscode per SMS an die neue Nummer. Geben Sie diesen in WhatsApp ein.
6. Danach wird die Nummer des WhatsApp-Kontos automatisch geändert. Chatverlauf, Einstellungen und alle Gruppen bleiben erhalten. Mit der alten Nummer kann eine andere Person ein neues WhatsApp-Konto einrichten. In Gruppen erscheint eine Infozeile, dass Sie Ihre Nummer geändert haben. Persönliche Chats werden nicht automatisch benachrichtigt.

Tipp beim Wechsel der Handynummer

Teilen Sie Ihren Kontakten Ihre neue Handynummer mit und bitten Sie sie, die alte aus den Kontakten zu löschen. Die alte Handynummer wird möglicherweise schon nach kurzer Zeit vom Mobilfunkanbieter neu vergeben und dann von einem anderen WhatsApp-Nutzer verwendet.

WhatsApp auf ein neues Smartphone übertragen

Wenn Sie einfach nur Ihr Smartphone wechseln, behalten Sie in den meisten Fällen Ihre Handynummer und damit auch Ihr WhatsApp-Konto.

1. Sichern Sie auf dem alten Smartphone in den WhatsApp-Einstellungen unter *Chats/Chat-Backup* Ihre Daten bei Google Drive.
2. Nehmen Sie jetzt die SIM-Karte aus dem Smartphone und stecken Sie sie in das neue Gerät.
3. Melden Sie auf dem neuen Smartphone Ihr Google-Konto an. Verwenden Sie für die erste Synchronisation mit dem Google-Konto wie auch für die folgende WhatsApp-Installation auf jeden Fall WLAN.
4. Installieren Sie jetzt WhatsApp neu aus dem Google Play Store. Nach der Bestätigung der Handynummer per SMS fragt WhatsApp, ob die Datensicherung von Google Drive zurückgesichert werden soll. Bestätigen Sie dies. Die Rücksicherung der Medien kann einige Minuten dauern. Sie können WhatsApp aber sofort mit Ihrem gewohnten Nutzerkonto wieder verwenden.

Wechsel von iPhone nach Android oder umgekehrt

Beim Wechsel vom iPhone nach Android oder umgekehrt kann der Chatverlauf **nicht** übernommen werden.

Was tun, wenn das Smartphone gestohlen wird?

Auf einem gestohlenen Smartphone kann WhatsApp vom Dieb weiter benutzt werden, möglicherweise, ohne dass Ihre Kontakte Verdacht schöpfen. Sperren Sie als Erstes über den Mobilfunkanbieter die SIM-Karte. WhatsApp kann aber über WLAN auf dem gestohlenen Gerät weiterhin genutzt werden.

Besorgen Sie sich über den Mobilfunkanbieter eine neue SIM-Karte mit derselben Telefonnummer und aktivieren Sie WhatsApp damit auf einem neuen Smartphone. Ihr Benutzerkonto bleibt erhalten und wird auf dem gestohlenen Gerät automatisch deaktiviert. Der Dieb kann dort WhatsApp nicht mehr aktivieren, da die gesperrte SIM-Karte keine SMS empfängt.

Sollte es nicht möglich sein, kurzfristig eine neue SIM-Karte mit derselben Telefonnummer zu erhalten, lassen Sie Ihr Konto vom WhatsApp-Support deaktivieren.

Schreiben Sie dazu folgende E-Mail an *support@whatsapp.com*:

Betreff: *Lost/Stolen: Please deactivate my account*

Text: *Lost/Stolen: Please deactivate my account <vollständige Telefonnummer im internationalen Format>*

Die Deaktivierung gilt für 30 Tage. Während dieser Zeit muss das WhatsApp-Konto mit einer neuen SIM-Karte mit derselben Telefonnummer wieder aktiviert werden. Andernfalls wird das Konto endgültig gelöscht.

Was bedeutet »Warte auf diese Nachricht«?

Die Ende-zu-Ende-Verschlüsselung in WhatsApp hat viele Vorteile, kann sich aber nachteilig auswirken, wenn man WhatsApp sehr selten nutzt. Da beide beteiligten Geräte Schlüssel austauschen müssen, müssen sie irgendwann einmal gleichzeitig online sein.

Verwendet einer der Chatpartner zwischenzeitlich ein neues Gerät, kann es passieren, dass eine Nachricht, die noch vom alten Smartphone versendet wurde, beim Empfänger erst zu lesen ist, nachdem der Absender den Chatverlauf auf seinem neuen Smartphone aus einem Backup wiederhergestellt hat und beide Chatpartner zumindest für kurze Zeit gleichzeitig online waren, um die Schlüssel auszutauschen. Davor erscheint diese Meldung: *Warte auf diese Nachricht. Das kann einen Moment dauern.*

In vielen Fällen handelt es sich dabei auch um unbekannte Absender, denen eine früher verwendete Nummer vergeben wurde.

Was tun bei falschen Zeitstempeln von Nachrichten?

Haben eingehende Nachrichten falsche Zeitangaben, obwohl die Uhrzeit auf dem eigenen Smartphone richtig läuft, liegt dies an einer falsch eingestellten Zeitzone.

Schalten Sie in den *Einstellungen* unter *System/Datum und Uhrzeit* den Schalter *Zeitzone aus Netzwerk verwenden* ein. Sollte die Zeitzone nicht automatisch richtig ausgewählt werden, wählen Sie die in Deutschland gültige Zeitzone *GMT+01:00 Mitteleuropäische Zeit* im Winter oder *GMT+02:00 Mitteleuropäische Sommerzeit* im Sommer aus.

Unbekannte tauchen in der Chatliste auf

Da die Mobilfunknummern knapp sind, vergeben die Netzanbieter Nummern von abgemeldeten SIM-Karten schnell wieder weiter an neue Kunden. So kann es passieren, dass Sie nach der Anmeldung bei WhatsApp auf einmal in irgendwelchen unbekannten Gruppen sind oder Nachrichten von Personen erhalten, die Sie nicht kennen. Da diese auch nicht in Ihren Kontakten gespeichert sind, erscheinen sie in der Chatübersicht nur mit einer Telefonnummer. Manchmal haben Sie auch automatisch ein Profilbild, da dieses noch vom Vorbesitzer der Nummer gespeichert ist.

Markieren Sie die unbekannten Gruppen durch längeres Antippen und wählen Sie dann im Menü die Option *Gruppe verlassen*.

Hat einer Ihrer Kontakte auf einmal ein völlig fremdes Profilbild, fragen Sie sicherheitshalber nach. Auch hier kann es sein, dass die in Ihren Kontakten gespeicherte Handynummer mittlerweile an eine andere Person vergeben wurde. Löschen Sie dann die inzwischen falsche Handynummer aus dem entsprechenden Kontakt. Meldet sich die Person mit der Nummer weiterhin bei Ihnen, wird sie nur noch als Nummer angezeigt. Zusätzlich können Sie sie bei Bedarf auch einfach blockieren.

WhatsApp blockiert Nummern von Spammern

Handynummern, die sehr oft bei WhatsApp als Spam gemeldet wurden, können von der Nutzung ausgeschlossen werden. Das Gleiche gilt für WhatsApp-Konten, die die Nutzungsbedingungen verletzen. WhatsApp löscht zurzeit wegen Missbrauchs etwa zwei Millionen Konten pro Monat.

Bei einer Sperrung bekommt der Nutzer eine Meldung: *Deine Telefonnummer ist nicht mehr für die Benutzung von WhatsApp zugelassen*. 72 Stunden nach der Sperrung verschwindet der Kontakt automatisch aus Gruppen und Kontaktlisten der Freunde.

Sollten Sie von Ihrem Netzbetreiber eine Handynummer erhalten, die bei einem Vorbesitzer früher einmal von WhatsApp gesperrt wurde, wenden Sie sich per E-Mail an den WhatsApp-Support, um die Nummer wieder freizuschalten.

WhatsApp auf Dual-Smartphones

Immer mehr Hersteller bieten Smartphones an, die mit zwei SIM-Karten genutzt werden können. Standardmäßig kann unter Android jede App trotzdem nur einmal installiert werden. WhatsApp kann also auch nur mit einem Konto laufen. Einige Hersteller von Dual-SIM-Geräten bieten eigene Möglichkeiten, Apps wie etwa WhatsApp mit zwei Konten auf einem Gerät zu nutzen.

Samsung Dual Messenger

Nach der Installation von WhatsApp auf einem Samsung-Dual-SIM-Smartphone erscheint eine Benachrichtigung des Dual Messenger. Tippen Sie darauf, und aktivieren Sie auf dem nächsten Bildschirm den Schalter *WhatsApp*, um das zweite WhatsApp-Profil anzulegen. Mit der Kontaktauswahl können Sie für das zweite WhatsApp-Profil die Kontakte einschränken. Lassen Sie diesen Schalter ausgeschaltet, stehen im zweiten WhatsApp ebenfalls alle Kontakte zur Verfügung.

Jetzt können Sie WhatsApp wie bei einer Neuinstallation mit der Nummer der anderen SIM-Karte einrichten und müssen auch einen per SMS erhaltenen Prüfcode bestätigen. In der App-Liste erscheint ein zweites WhatsApp-Symbol. Beide können Sie auf den Startbildschirm ziehen. Bei Verwendung des zweiten Kontos erscheint unten rechts in der App ein orangefarbenes Symbol.

Huawei App Twin

Aktivieren Sie auf aktuellen Dual-SIM-Smartphones von Huawei in den *Einstellungen* unter *Apps/App-Twin* den Schalter bei *WhatsApp*, um das zweite WhatsApp-Profil anzulegen. Auf dem Startbildschirm erscheint ein zweites WhatsApp-Symbol. Jetzt können Sie WhatsApp wie bei einer Neuinstallation mit der Nummer der anderen SIM-Karte einrichten und müssen auch einen per SMS erhaltenen Prüfcode bestätigen.

Duale Apps bei Xiaomi

Bei Smartphones von Xiaomi finden Sie diese Einstellung unter *Apps/Dual Apps*. Aktivieren Sie hier den Schalter bei *WhatsApp*. Damit erscheint in der App-Liste ein zweites WhatsApp-Symbol. Jetzt können Sie WhatsApp wie bei einer Neuinstallation mit der Nummer der anderen SIM-Karte einrichten und müssen auch einen per SMS erhaltenen Prüfcode bestätigen.

WhatsApp auf Android-Smartphones ohne Google Play Store

Seit dem US-amerikanischen Handelsembargo gegen China haben viele neue Smartphones von Huawei keinen Zugang zum Google Play Store mehr. Das Gleiche gilt für Smartphones aus chinesischer Produktion für den dortigen Inlandsmarkt, was aber nicht bedeutet, dass auf diesen Geräten keine Apps installiert werden können. Android bietet im Gegensatz zu iOS die Möglichkeit, Apps auch aus anderen Quellen zu installieren.

WhatsApp bietet für Smartphones ohne Google Play Store unter www.whatsapp.com/android eine APK-Datei zum Download an. Tippen Sie nach dem Download auf die Benachrichtigung, um WhatsApp aus dieser Datei zu installieren.

Apps aus unbekannten Quellen zulassen

Bei der ersten Installation einer APK-Datei aus einer anderen App, zum Beispiel einem Browser, erscheint ein Hinweis, dass Installationen aus unbekannten Quellen nicht zulässig sind. Direkt aus dieser Meldung besteht Zugriff auf die zugehörige Systemeinstellung, mit der man die Installation aus unbekannter Herkunft zulassen kann.

Seit Android 8 Oreo wird die Berechtigung zur Installation unbekannter Apps für einzelne Apps vergeben. Damit wird es leichter möglich, aus einem Browser oder einem App Store eines anderen Anbieters als Google Play Apps zu installieren. Die automatischen Downloads und Installationen von Werbe- und Spam-Apps aus Spielen heraus bleiben aber unterbunden.

WhatsApp am PC nutzen

WhatsApp-Nachrichten mit einer richtigen Tastatur zu schreiben, ist deutlich bequemer als auf dem Smartphone – besonders, wenn man sowieso den ganzen Tag am PC sitzt.

WhatsApp bietet zwar im Gegensatz zu den meisten anderen Messengern keine echte PC-Version an, kann aber zusammen mit einem Smartphone, auf dem WhatsApp läuft, am PC genutzt werden.

1. Besuchen Sie im Browser auf dem PC die Seite web.whatsapp.com.
2. Tippen Sie auf dem WhatsApp-Hauptbildschirm auf dem Smartphone auf das Menü rechts oben und wählen Sie *WhatsApp Web*. Scannen Sie jetzt mit dem Smartphone den QR-Code, der auf dem PC angezeigt wird.
3. Erscheint auf dem Smartphone eine Liste mit den zuletzt angemeldeten Computern, tippen Sie auf *Von allen Computern abmelden*. Dann können Sie wieder einen neuen QR-Code scannen.

Anrufe und Videoanrufe, die Übermittlung des eigenen Standorts sowie das Verfolgen von Live-Standorten anderer werden auf dem PC nicht unterstützt. Oberhalb der Kontaktliste befinden sich ein Suchfeld für Kontakte sowie ein Menü, das im Wesentlichen die Einstellungen des WhatsApp-Hauptmenüs auf dem Smartphone enthält.

Im Bereich *Benachrichtigungen* lassen Sie Desktop-Benachrichtigungen zu. WhatsApp informiert dann über das Info-Center von Windows 10, wenn neue Nachrichten eintreffen – selbst wenn das Browserfenster nicht im Vordergrund ist, sondern Sie mit einem anderen Programm arbeiten.

Über das Büroklammersymbol rechts oben im Chatfenster können Dateien vom PC per WhatsApp versendet werden. Sie können die Fotos und anderen Daten auch direkt aus dem Windows-Explorer in den Chat ziehen.

Fahren Sie mit der Maus auf eine Nachricht, erscheint oben rechts ein kleiner Pfeil, der ein Menü mit Funktionen wie *Beantworten* und *Weiterleiten* enthält.

WhatsApp-Desktop-App für Windows 10

Im Windows Store wird eine App *WhatsApp Desktop* für Windows 10 angeboten. Diese entspricht in ihren Funktionen weitgehend der Browserversion. Auch hier ist ein Smartphone zusätzlich erforderlich. Die Verbindung wird ebenfalls über einen QR-Code hergestellt.

Tablet Messenger – WhatsApp auf Tablets

Auf Tablets lässt sich die aktuelle WhatsApp-Version auch aus dem Google Play Store nicht mehr installieren.

Tablet Messenger ist eine App speziell für Tablets, die WhatsApp und mehrere andere Messenger unter einer gemeinsamen Oberfläche auf dem Tablet darstellt.

Dabei werden die offiziellen Schnittstellen genutzt und keine Daten direkt verarbeitet. Um WhatsApp mit dem *Tablet Messenger* zu nutzen, gehen Sie wie bei der Web-Version vor. Der *Tablet Messenger* zeigt wie diese einen QR-Code zur Anmeldung an.

Auch hier ist ein Smartphone mit einem aktiven WhatsApp-Nutzerkonto notwendig.

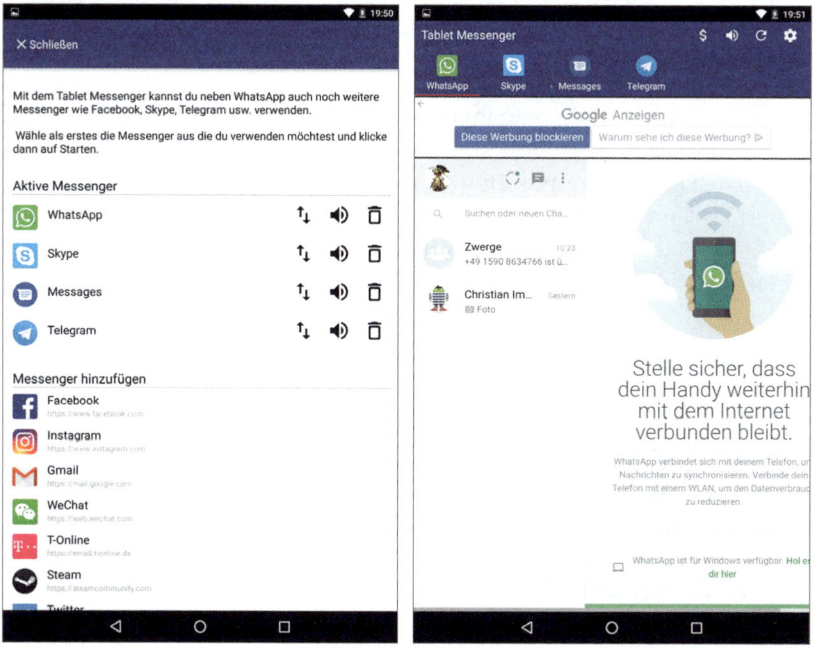

WhatsApp mit dem Tablet Messenger auf Tablets nutzen

WhatsApp im Ausland – die EU-Roamingverordnung

Nach jahrelangen Diskussionen führte die EU-Kommission am 15. Juni 2017 den sogenannten Euro-Tarif ein, der Telefonieren, SMS und auch mobiles Internet im EU-Ausland zu Inlandskonditionen möglich macht.

Eigentlich müsste es statt EU-Roaming EWR-Roaming heißen, da die gleichen Bedingungen für alle Länder des europäischen Wirtschaftsraums EWR gelten. Das sind außer den EU-Mitgliedsstaaten auch Norwegen, Island und Liechtenstein, aber nicht die Schweiz.

Zusätzlich gilt die EU-Roamingverordnung auf den britischen Kanalinseln, die nicht EU-Gebiet sind, in den französischen Überseegebieten, in San Marino und dem Vatikan. Auf Schiffen und Flugzeugen, die satellitengestützte Mobilfunkverbindungen für ihre Passagiere anbieten, gilt die EU-Roamingverordnung nicht.

Die früher extrem hohen Roaminggebühren bei der Nutzung einer deutschen SIM-Karte im EU-Ausland waren für die Netzbetreiber eine gern gesehene Einnahmequelle. Deshalb versuchen viele, die Schlupflöcher im neuen EU-Gesetz geschickt zu nutzen. Bei der Anmeldung eines Smartphones in einem ausländischen Netz erhalten Sie eine SMS, die die genauen Tarifdetails enthält. Lesen Sie diese sorgfältig durch.

Die wichtigsten Regelungen im Überblick

- Datenpakete und Inklusivvolumen können im EU-Ausland wie zu Hause genutzt werden.
- Freiminuten für Telefonie können wie zu Hause genutzt werden, wenn diese netzübergreifend gelten. Community-Flatrates zum kostenlosen Telefonieren zwischen Teilnehmern des gleichen Anbieters (wie z. B. Aldi Talk) gelten im EU-Ausland nicht.
- Telefongespräche aus Deutschland ins EU-Ausland werden wie früher teuer berechnet. Hier gelten die Freiminuten des deutschen Tarifs weiterhin nicht, solange keine EU-Flatrate gebucht ist.
- Alte Roamingtarife gelten weiterhin und werden nicht automatisch umgestellt. Wer früher Roaming für bestimmte Länder gebucht hatte, muss diesen Tarif auch weiterhin innerhalb der EU bezahlen oder auf einen anderen Tarif wechseln.
- Mobilfunkanbieter dürfen Tarife explizit ohne Roaming anbieten. Diese SIM-Karten funktionieren dann nur in Deutschland, das EU-Roaming kann oft gegen Aufpreis freigeschaltet werden.

Fair Use Policy

Die sogenannte Fair Use Policy verhindert, dass ein Tarif zum überwiegenden Teil im Ausland genutzt wird. Jeder Anbieter legt diese Richtlinie unterschiedlich aus. Bei einigen muss man nach einer bestimmten Zeit wieder im deutschen Netz angemeldet sein, bei anderen darf nur ein bestimmter Teil des Inklusivvolumens im Ausland verbraucht werden. Die genauen Bedingungen stehen in der SMS bei der Anmeldung im ausländischen Netz.

Diese Fair Use Policy wurde vor allem auf Drängen der deutschen Mobilfunkbetreiber in das Gesetz aufgenommen. Da die deutschen Mobilfunktarife zu den teuersten innerhalb der EU gehören, befürchteten die deutschen Netzbetreiber mit Einführung des EU-Roamings Einnahmeeinbußen, wenn Kunden sich SIM-Karten aus anderen Ländern besorgen und diese ohne Zusatzkosten dauerhaft in Deutschland nutzen.

SIM-Karte im Ausland wechseln, WhatsApp-Nummer behalten

Wenn Sie sich nur für einen begrenzten Zeitraum in einem Land aufhalten, in dem die EU-Roamingverordnung nicht gilt, kaufen Sie sich dort eine Prepaid-SIM-Karte, die im Gegensatz zu Deutschland in vielen Ländern nicht einmal registriert werden muss. Telefonieren und auch Internet sind dann deutlich günstiger, als wenn über die deutsche SIM-Karte Roamingkosten bezahlt werden müssen.

WhatsApp kann, solange nicht für bestimmte Aktionen eine Verifizierung erforderlich ist, mit einer fremden SIM-Karte genutzt werden, ohne dass Sie in Ihren Kontoeinstellungen etwas zu ändern brauchen. Das hat den Vorteil, dass Ihre Freunde Sie weiterhin unverändert als Kontakt behalten und keine neue Handynummer eintragen müssen.

Datenschutz- und Paranoia-Einstellungen

Ob Sie es als Paranoia oder Datenschutz bezeichnen, es mag immer Gründe geben, bestimmte Informationen auf dem Smartphone vor anderen Personen zu verbergen.

In den WhatsApp-Einstellungen unter *Account/Datenschutz* legen Sie fest, wer Ihre *Zuletzt online*-Zeit, das Profilbild, den Infotext und den Status sehen darf. Den Live-Standort sehen ohnehin nur Personen, die ihn im Chat zugesendet bekommen.

Weiter unten finden Sie noch die Liste blockierter Kontakte, um einzelne Personen wieder freizuschalten.

Sie können auch die blauen Häkchen zur Lesebestätigung ausschalten. Bedenken Sie dabei aber, dass Sie dann auch selbst keine Lesebestätigungen bei Ihren Chatpartnern mehr sehen. Das Gleiche gilt beim Ausschalten der *Zuletzt online*-Zeit. Wer diese abschaltet, sieht auch diese Information bei anderen Personen nicht mehr.

WhatsApp funktioniert in öffentlichen WLANs (manchmal) nicht

Bei Nutzung öffentlicher WLANs kommt es immer wieder vor, dass WhatsApp meldet, es könnten keine Nachrichten gesendet und empfangen werden. Die meisten öffentlichen WLANs benötigen eine Browseranmeldung, bei der auf einer speziellen Anmeldeseite die Nutzungsbedingungen bestätigt werden müssen, obwohl das WLAN nach außen offen und unverschlüsselt erscheint. Besonders häufig tritt das Problem bei Telekom-Hotspots auf, da es hier kostenpflichtige und freie gibt, die alle die gleiche SSID verwenden.

Melden Sie sich auf der Anmeldeseite an, können Sie danach WhatsApp über das WLAN nutzen. Funktioniert diese Anmeldung nicht, tippen Sie in der Meldung von WhatsApp auf *"..." vergessen*, um dieses WLAN zu ignorieren und ein anderes zu versuchen, oder auf *WLAN deaktivieren*, um das Mobilfunknetz zu verwenden.

WhatsApp auf aktuellem Stand halten

Wie alle Apps wird WhatsApp regelmäßig aktualisiert, wobei viele Updates auch neue Funktionen mitbringen. Ältere Versionen unterstützen irgendwann nicht mehr den vollen Funktionsumfang oder können sogar gar nicht mehr auf den WhatsApp-Dienst zugreifen.

Schalten Sie in den Einstellungen des Google Play Store die automatischen Updates ein. Um Datenvolumen zu sparen, sollten Sie die Updates nur über WLAN zulassen. Achten Sie auch darauf, dass das Häkchen für automatische Updates bei WhatsApp im Google Play Store gesetzt ist. Hiermit können Sie die automatischen Updates für einzelne Apps bei Kompatibilitätsproblemen abschalten.

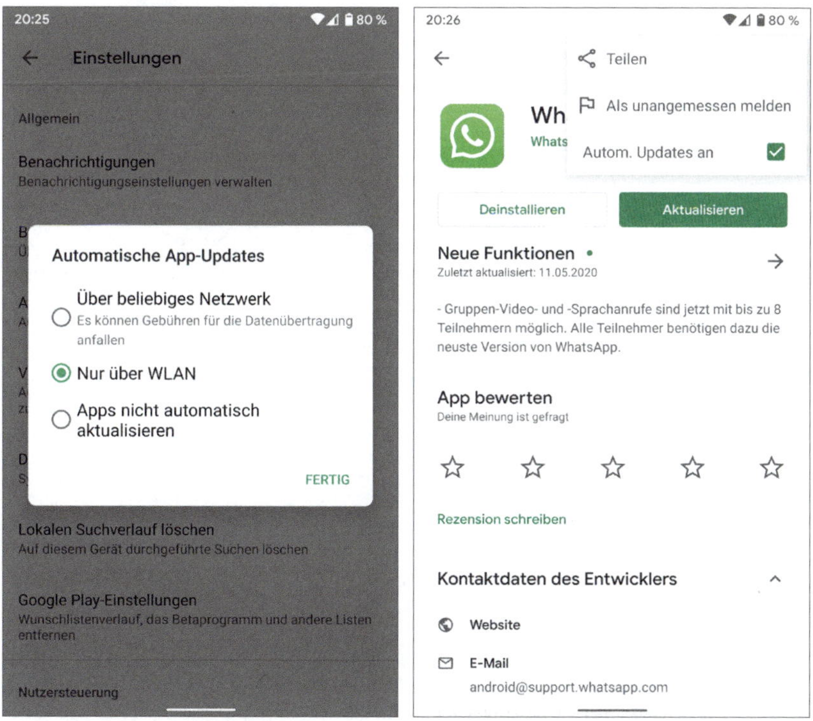

Automatische Updates über WLAN aktivieren

+++ SO GEHT'S AUF DEM IPHONE +++

Achten Sie darauf, dass in den iOS-Einstellungen bei *WhatsApp* der Schalter *Hintergrundaktualisierung* aktiviert ist.

WhatsApp-Konto löschen

Wenn Sie Ihr Smartphone wechseln oder eine neue Handynummer verwenden, können Sie die Daten in Ihrem WhatsApp-Konto ändern und WhatsApp normal weiterverwenden. In seltenen Fällen, zum Beispiel wenn eine Person verstorben ist, kann es sinnvoll sein, das WhatsApp-Konto komplett zu löschen. Beim Löschen wird die Person aus allen Gruppen entfernt, und die Handynummer erscheint auch nicht mehr in den Listen der WhatsApp-Nutzer, auch nicht, wenn sie jemand in seine Kontakte aufnimmt. Registriert später jemand anders mit dieser Handynummer ein WhatsApp-Konto, lässt sich auch der Chatverlauf aus der Datensicherung nicht mehr wiederherstellen, selbst wenn man Zugriff auf das Google-Konto des ehemaligen Nutzers hat.

Um ein Konto zu löschen, tippen Sie in den WhatsApp-Einstellungen unter *Account* auf *Meinen Account löschen*. Zur Sicherheit müssen Sie noch die registrierte Handynummer eingeben, bevor die Daten endgültig und unwiderruflich gelöscht werden. In den meisten Fällen ist es sinnvoller, nur die Handynummer zu ändern, statt das Konto zu löschen. Auch das können Sie auf diesem Einstellungen-Bildschirm erledigen.

Zusatztools und Fake-Apps

Viele Hersteller mehr oder weniger seriöser Apps setzen auf den guten Namen WhatsApp, um ihre Apps zu verbreiten. So fanden sich bei der Suche nach *WhatsApp* im Google Play Store jahrelang unzählige unseriöse Apps unter den Suchergebnissen. Google hat im Rahmen einer großen Aufräumaktion Ende des Jahres 2018 den Suchalgorithmus im Play Store optimiert, sodass das echte WhatsApp bei einer Suche sofort angezeigt wird. Andere Apps mit dem gleichen Suchbegriff im Text erscheinen jetzt erst viel weiter unten, unterhalb der Vorschlagslisten für *Das könnte dir gefallen* und *Ähnliche Apps*, und sind so nicht mehr mit dem Original zu verwechseln.

Der Hersteller WhatsApp Inc selbst liefert nur drei Apps, die alle kostenlos sind. Wirklich brauchen Sie nur den *WhatsApp Messenger*. Die in Kapitel 9 im Abschnitt »Hintergrundbilder« erwähnten *WhatsApp Wallpaper* sind eine nette, aber nicht nötige Ergänzung. *WhatsApp Business* ist ausschließlich für geschäftliche Nutzer vorgesehen, die über WhatsApp mit ihren Kunden kommunizieren.

+++ SO GEHT'S AUF DEM IPHONE +++

Der App Store auf dem iPhone filtert die Suche bei Weitem nicht so gut. Hier schafft es die Konkurrenz oft, bei der Suche nach *WhatsApp* sogar vor dem Original in den Suchergebnissen aufzutauchen. Also Vorsicht!

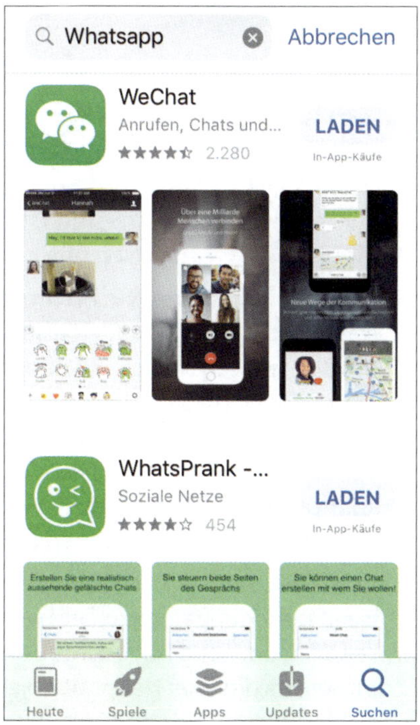

Vorübergehende Sperre wegen Nutzung falscher Apps

Aus Sicherheitsgründen sperrt WhatsApp Benutzerkonten, die inoffizielle Apps, unter anderem *WhatsApp Plus* oder *GB WhatsApp*, nutzen oder über nicht autorisierte Wege auf die Kommunikation mit WhatsApp zugreifen. Auch Benutzerkonten, die noch über längere Zeit eine alte WhatsApp-Version nutzen, können vorübergehend gesperrt werden.

Was bringt die Zukunft?

WhatsApp bringt immer wieder neue Funktionen, kündigt diese aber nur selten vorher an. So ist vieles, was die Nutzer in der nächsten Zeit erwartet, nur aus vagen Andeutungen oder Gerüchten zu vermuten. Betaversionen, die nur einem beschränkten Nutzerkreis zugänglich sind, liefern weitere Hinweise.

- **WhatsApp wird auf mehreren Geräten gleichzeitig nutzbar:** Bis jetzt ist jedes WhatsApp-Konto nur auf einem Gerät nutzbar. Auch die Windows-App, *WhatsApp Web* oder der *Tablet Messenger* verwenden das WhatsApp-Konto des Smartphones. WhatsApp plant in naher Zukunft eine Mehrgeräte-Unterstützung, ähnlich wie sie der Facebook Messenger, der zum gleichen Konzern gehört, schon lange kennt.
- **Selbstzerstörende Nachrichten:** In Zukunft wird es möglich sein, Nachrichten mit einem Verfallsdatum zu versehen. Nach einer bestimmten Zeit werden sie sich auf den Smartphones der Empfänger selbst zerstören, egal, ob sie gelesen wurden oder nicht. Dieser Zeitraum kann vom Absender festgelegt werden. Natürlich bleiben normale Nachrichten weiterhin Standard. Ob eine auf diese Weise gelöschte Nachricht spurlos verschwindet oder, wie bei einer vom Absender gelöschten Nachricht, ein Hinweis stehen bleibt, ist noch nicht bekannt.
- **Chat Heads:** Der Facebook Messenger verwendet sogenannte Chat Heads, runde, frei verschiebbare Symbole mit dem Profilbild des Absenders, um neue Nachrichten anzuzeigen. Diese lassen sich so leichter öffnen, da die Chat Heads über jeder anderen App sichtbar sind – solange der Benutzer diese Einstellung nicht ändert. Android 11 wird diese Chat Heads in das Betriebssystem integrieren und damit allen Messen-

ger-Apps diese Art der Benachrichtigung anbieten. WhatsApp wird sie aller Voraussicht nach auch nutzen.

- **Geld versenden:** Unter dem bisherigen Projektnamen *WhatsApp Pay* bietet WhatsApp bis jetzt nur in Indien eine Bezahlfunktion an, mit der Nutzer ähnlich wie mit PayPal Geld an Freunde versenden können. Eine Ausweitung dieses Dienstes auf andere Länder ist sehr wahrscheinlich.
- **Rooms**, der neue Onlinedienst für Videokonferenzen, den Facebook als Antwort auf das beliebte *Zoom* im Frühjahr 2020 gestartet hat, soll in WhatsApp integriert werden.

Gerücht: WhatsApp wird kostenpflichtig

Immer wieder mal verbreitet sich die Nachricht, WhatsApp würde kostenpflichtig, rasant im Netz. Nichts davon ist wahr. Im Gegenteil: Mit der Übernahme durch Facebook im Jahr 2014 kündigte WhatsApp an, kostenlos zu bleiben und die ehemaligen Aufforderungen an Nutzer, nach dem ersten Jahr einen Kleinstbetrag zu bezahlen, abzuschalten.

Gerücht: WhatsApp wird Werbung anzeigen

Nicht in naher Zukunft. Bei der Gründung von WhatsApp hatten die beiden Gründer festgelegt, WhatsApp sollte werbefrei bleiben. Auch im Vertrag zur Übernahme durch Facebook steht, dass WhatsApp bis 2019 keine Gewinne erwirtschaften muss. Da diese Frist jetzt abgelaufen ist, könnte in absehbarer Zeit Werbung angezeigt werden. Den ersten Ankündigungen zufolge soll die Werbung nur auf der Statusseite, aber nicht in den Chats auftauchen. Die WhatsApp Business Solution, eine Plattform, über die Unternehmen Kundenkontakte und Supportanfragen über WhatsApp laufen lassen können, ist momentan für Facebook die wichtigere Option, mit WhatsApp Geld zu verdienen.

Ute Christoff und Ute Lehr ;-)

Zombies leben ewig und Kettenbriefspam mit sinnlosen Inhalten noch länger. Bei der abgebildeten Meldung handelt es sich um einen klassischen

Hoax, eine Falschmeldung, die gern für wahr gehalten wird. Die Namen in den Nachrichten ändern sich immer mal wieder, die Inhalte bleiben aber völliger Unsinn. Allein die zahlreichen Grammatikfehler und das allgemein recht holprige Deutsch sollten Sie stutzig machen.

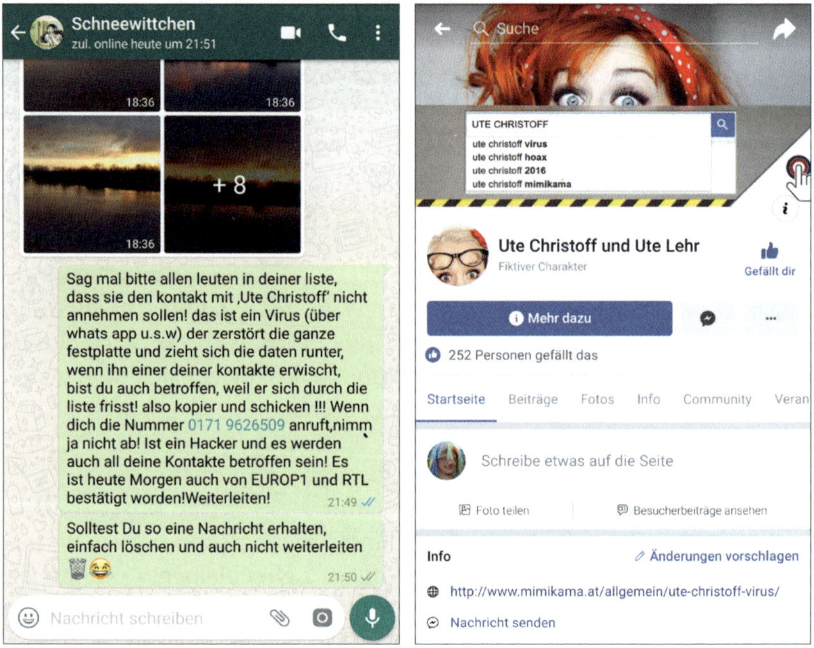

Die altbekannte Falschmeldung und Ute Christoffs Fanseite auf Facebook

Löschen Sie solche Nachrichten einfach kommentarlos. Weisen Sie den Absender darauf hin, dass er auf einen Fake hereingefallen ist und die Meldung selbst auch löschen anstatt weiterleiten sollte.

Falls Sie Freunde mit den Namen Ute Christoff, Ute Lehr, Marcel Hohmann, Christian Wick oder Domenik Beuting kennen oder gar selbst so heißen ... keine Angst, Sie sind nicht gefährlich, WhatsApp kennt keine Viren, Freunde fressen sich nicht durch Listen und ein Handy hat keine Festplatte.

In diesem Sinne, viel Spaß mit WhatsApp!

Christian Immler und das Markt+Technik Team

A

B

C

D

E

F

M

N

O

P

Q

R

S